GUIDE POUR LES ÊTRES STELLAIRES

DE LA MÊME AUTEURE

ORACLES

La Voie des artisans de lumière, Exergue, 2019.
La Voie des êtres stellaires, Exergue, 2022.

LIVRES

La lumière vous va si bien, Ada, 2016.
Agenda 2023 : Une fenêtre et des livres, White Star, 2022.

Titre original : *Letter to a Starseed*.
Publié pour la première fois par Hay House.

Traduit de l'anglais par Véronique Dumont.

ISBN : 978-2-36188-514-4

www.editions-tredaniel.com
info@guytredaniel.fr
www.facebook.com/tredanieleso
@tredaniel_eso

REBECCA CAMPBELL

GUIDE POUR LES ÊTRES STELLAIRES

Messages et clés d'activation
pour vous rappeler qui vous êtes
et pourquoi vous êtes venu sur Terre

ÉDITIONS
EXERGUE
27 rue des Grands-Augustins
75006 Paris

À Sunny

SOMMAIRE

L'ANCRAGE

Comment se sentir chez soi sur Terre

Votre âme a un rêve, votre vie est ce rêve.

△

INTRODUCTION

Depuis mon plus jeune âge, les grandes interrogations de l'existence me fascinent. Qui sommes-nous ? Qu'est-ce que l'âme ? Que faisons-nous sur Terre ? Selon Platon, disciple dévoué de Socrate, ce dernier a déclaré que l'état de notre âme, ou être intérieur, détermine la qualité de notre vie.

Mystique dans l'âme, j'ai choisi de vouer la mienne à cet immense mystère. Atteindre cette part de nous-mêmes qui était présente avant notre premier souffle et perdurera après le dernier. Et plus j'explore le voyage de l'âme, plus je suis persuadée de l'existence de ce mystère. Ce que l'on dit est vrai : plus nous en savons, moins nous en savons.

Pour moi, le concept des êtres stellaires est double. Tout d'abord, se considérer comme un être stellaire revient à reconnaître que son âme existe et a vécu au-delà de cette vie et de cette planète. Ensuite, cela implique d'être intrinsèquement connecté à tout ce qui *est* dans la nature, l'Univers et au-delà.

Ce concept est à des années-lumière de tout ce que l'on m'a enseigné. Toutefois, si la notion de l'existence de cette part éternelle de notre être dans des espaces non terrestres me semblait « lointaine » lorsque je l'ai rencontrée pour la première fois, elle m'est aussi apparue profondément familière et réelle. Comme si une graine semée il y a longtemps en moi s'était réveillée, puis avait commencé à bourgeonner et à s'épanouir.

Je me suis alors intéressée plus profondément au voyage de l'âme et à la façon dont ses expériences vécues d'une vie à l'autre et dans leur entre-deux influencent notre être spirituel, tout comme dans cette vie, nos expériences influencent notre être physique.

J'ai été amenée à me former aux arts intuitifs et aux Annales akashiques qui m'ont permis d'entreprendre un apprentissage structuré destiné à me souvenir des origines de l'histoire de mon âme et intégré des processus afin de soutenir les autres dans leur propre voyage. Pendant cinq ans, j'ai été guidée pour réaliser des lectures d'âme pour des milliers de personnes à travers le monde et cette situation privilégiée m'a permis d'aider des individus de tous horizons à se souvenir de leur âme ancestrale.

En 2015, j'ai ressenti une énergie pour écrire un livre intitulé *Lettres à un être stellaire*, mais le moment n'était pas encore venu. Avec le recul, je sais que si je *l'avais* écrit à cette époque, il aurait été très différent de celui que vous lisez aujourd'hui.

En 2017, j'ai réalisé un rêve de toujours et partagé mes visions recueillies lors du voyage de mon âme en créant *La Voie des artisans de lumière* avec l'illustratrice Danielle Noël. L'année suivante, nous avons conçu *La Voie des êtres stellaires* avec l'intention d'activer et de transmettre une mémoire d'âme aux êtres stellaires afin de les soutenir dans leur incarnation actuelle.

Puis en 2020, j'ai été invitée à écrire le livre *Lettres à un être stellaire*. Je venais de donner naissance à mon fils et étais plongée dans l'écriture d'un autre ouvrage sur les thèmes du retour à la Terre, à la Mère, au tissage de l'âme dans la vie quotidienne. En toute logique, accepter ce nouveau projet me paraissait irrationnel. Mais lors de mes méditations, un « oui » éclatant s'est imposé. Comme la plupart des événements survenus en 2020, il semblait que mon programme allait différer de celui que j'avais initialement prévu.

J'ai été manifestement guidée pour que ce nouveau livre se concentre davantage sur le soutien apporté aux êtres stellaires que sur le regard que nous portons sur les étoiles. Afin que ceux-ci s'engagent pleinement dans leur incarnation sur Terre. S'enracinent ici et maintenant et se souviennent des graines ancestrales de l'âme. *Lettres à un être stellaire* en est l'aboutissement.

Dans le chapitre « Qu'est-ce qu'un être stellaire ? », j'explore les différentes interprétations du concept et mes propres croyances. Je tiens à préciser que ce livre ne cherche pas à proposer une nouvelle théorie de l'évolution ou des origines de l'expérience humaine mais se concentre sur le mystérieux voyage de l'âme, son influence sur les êtres que nous sommes aujourd'hui et la façon d'appeler chaque part de nous-mêmes à *être* réellement ici et maintenant.

Au fil des ans, de nombreux livres et informations sur le sujet m'ont apporté du réconfort. J'ai écrit ce livre pour aider les êtres stellaires à s'enraciner pleinement. À embrasser leur expérience humaine dans ses extrêmes et à appréhender la raison de leur présence aujourd'hui sur la Terre.

S'il existe différentes croyances sur nos origines – l'une étant que le corps humain s'est développé depuis les profondeurs salines de l'océan –, je pense que nous sommes bien plus que nos seuls corps physique et spirituel. Et si ce livre pose des questions comme « Qui sommes-nous ? » et « D'où venons-nous ? », il le fait du point de vue de l'âme et non du corps. Je pense que nos âmes sont éternelles, que nous choisissons consciemment de les incarner dans des corps physiques et que l'âme, le corps et l'esprit sont tous sacrés et saints.

Je crois aussi que nous devons nous engager aujourd'hui plus que jamais à incarner nos âmes jusque dans la moindre de nos cellules. À cette époque où la polarité de la Terre semble avoir atteint des records inégalés et que nous ne pouvons plus nous permettre de détourner le regard de la réalité, nous devons trouver un moyen d'être pleinement présents ici et maintenant.

Une tendance naturelle des personnes particulièrement sensibles (et de nombreux êtres stellaires s'identifient comme tels) est de se dissocier et d'aspirer à un ailleurs offrant une sensation de familiarité. Je pense toutefois que nous sommes guidés pour nous souvenir des raisons qui nous ont incités à nous incarner aujourd'hui sur Terre et que notre âme a guidé ce choix.

Je dédie ce livre à tous ceux qui éprouvent parfois un sentiment d'égarement ; à tous ceux qui ressentent le souvenir d'un autre lieu sans parvenir à le définir avec exactitude.

Tout au long de ces pages, cette nostalgie du « chez-soi » et de notre ascendance cosmique potentielle s'impose comme le moyen de reconnaître les sentiments que nous avons ressentis sur le plan spirituel, afin de pouvoir nous engager à être encore plus présents dans notre vie terrestre, ici et maintenant.

Il importe de ne pas perdre notre temps passé sur Terre à rêver d'un ailleurs. Ce livre n'est pas conçu pour vous amener à vous perdre dans les étoiles mais pour vous aider à vivre l'instant présent dans votre vie, dans l'humanité et sur la planète.

Nous traversons des heures tumultueuses et, compte tenu de l'inconscience qui fut la nôtre et des dommages que nous avons infligés à la planète, nous vivons également un réveil de masse et d'intégration spirituelle. Il est clair que quelque chose doit changer si nous voulons que la Terre demeure un lieu d'accueil où l'homme pourra continuer à se sentir chez lui. Je pense même que nous sommes instamment priés de nous souvenir de qui nous sommes, de notre place dans l'Univers en tant qu'un tout et de notre rôle dans la grande métamorphose qui se joue aujourd'hui sur notre planète.

J'ai eu la chance d'avoir de merveilleux enseignants qui m'ont appris à accorder ma confiance avant tout à la voix de mon âme. Mon intention dans ce livre, comme dans tous mes travaux, est de vous aider à écouter cette part de *vous-même*. Je ne peux certes évoquer que ma propre expérience, mais en vous offrant ce que j'ai appris au fil de ma route, mes réflexions et mon histoire, mon objectif est de vous accompagner dans ce voyage unique. Je serais ravie que mes mots résonnent en vous et vous aident. Si toutefois ils n'éveillent rien, restez fidèle à vous-même. Toujours.

J'écris ce livre avec une foi profonde sans pour autant m'aligner sur une religion ou une tradition. Je respecte profondément toutes les traditions, pratiques et voies, ainsi que le droit humain du libre arbitre. Si j'utilise un mot ou une phrase qui diffèrent des vôtres, ressentez leur énergie et leur intention dévotionnelle et remplacez-les par vos propres mots ou phrases. Tous les chemins, religions, systèmes de croyances, traditions et personnes sont les bienvenus et j'espère que vous ressentirez au fil de ces pages mon désir sincère de m'adresser à tous.

Vous lirez des termes comme « Univers », « pouls de la Vie », « Grande Mère », « grand mystère », « Vie » et « Source », qui se réfèrent tous à l'intelligence transcendant toutes religions et toutes choses.

Vous lirez également des mots comme « âme » et « moi ancestral ». Je fais ici référence à cette part éternelle de notre être qui existe au-delà de notre incarnation terrestre et que nous emportons de vie en vie ; cette part de nous-mêmes qui a connu des lieux au-delà de ce monde est connectée au pouls intelligent de l'Univers et attend de nous guider à chaque instant, chaque jour.

Je parle aussi de « cosmos » ou de « cosmique ». Le *Larousse* définit le cosmique comme « relatif au cosmos, à l'Univers, à son ordre général ». Si la Terre elle-même fait bien sûr partie de l'Univers, je crois que certaines âmes ont vécu bien plus que cette seule vie terrestre et qu'en enquêtant sur le mystère de notre âme, nous pouvons avoir un aperçu du rôle qui nous est imparti dans le grand cosmos de la Vie.

Comme beaucoup de mes créations, ce livre a été conçu volontairement en chapitres courts pour vous permettre de le lire facilement et de l'assimiler à votre propre rythme. Considérez chacun de ces chapitres comme une lettre ou une conversation rapide. Vous pouvez les lire un par un ou en une seule fois. Vous pouvez également utiliser cet ouvrage comme un oracle – en commençant par invoquer la force en laquelle vous croyez, puis en ouvrant une page au hasard pour, potentiellement, trouver une connexion.

Ces pages sont destinées à vous aider à vous fier à votre système intérieur. Si vous êtes insensible à mes mots, prenez uniquement ceux qui vous parlent.

Mon travail est toujours destiné à accompagner les personnes dans leur voyage intérieur car chacun de nous est équipé d'un système de guidage beaucoup plus puissant que tout ce qui existe en dehors de nous-mêmes.

Vous trouverez deux types de messages pour vous épauler au cours de ce voyage :

- **L'enquête de l'âme.** Je crois fermement au pouvoir des murmures de notre âme et aux actions que nous entreprenons en conséquence. Dans de nombreux chapitres, ces enquêtes vous aideront à entendre ses appels. Évitez de réfléchir ; répondez spontanément même si vos réponses vous paraissent dénuées de sens. N'hésitez pas à les noter dans un cahier ou directement dans ce livre.
- **L'activation des êtres stellaires.** À la fin de certains chapitres, vous trouverez également des activations destinées à vous aider à stimuler et à intégrer les différentes énergies mais aussi à guérir votre être tout entier, depuis votre âme jusqu'à vos cellules les plus infimes. Dans la mesure du possible, je vous recommande de les lire à voix haute (même en murmurant), et de les répéter trois fois afin de renforcer leur puissance.

Des méditations, des initiations et des voyages de l'âme vous sont proposés sur le site dédié au livre : letterstoastarseed.com. Si vous souhaitez améliorer votre écoute, j'ai également partagé sur ce site la playlist « Letters to a Starseed » sur Spotify que j'ai écoutée lors de son écriture. Si vous vous sentez inspiré pour partager sur les réseaux sociaux vos impressions au cours de votre lecture, vous pouvez le faire sur @rebeccacampbell_author : le #LetterstoaStarseed.

Mon espoir est que ce livre vous soutienne, vous réconforte et vous inspire pour vous rappeler votre véritable nature et la raison pour laquelle vous avez choisi de vous incarner sur Terre à ce moment charnière de l'histoire de l'humanité. Pour vous aider à vous engager à être présent dans votre vie terrestre et vous encourager à jouer sans hésiter votre partition dans le grand orchestre de la Vie.

Le processus d'éveil consiste à se souvenir. Aujourd'hui, nous nous réveillons et nous souvenons à un rythme soutenu. Notre conscience semble évoluer quotidiennement. Au regard de ce qui survient dans le monde, il devient évident que les prophéties des anciens et des sages ne sont plus des prédictions mais notre réalité. Elles ne se profilent pas. Nous les vivons en ce moment même.

Il devient aussi de plus en plus évident que nos actions présentes impacteront l'avenir de la planète. Nous ne pouvons plus ignorer la réalité de la situation et prétendre qu'elle n'existe pas.

Nous vivons une époque entre mythes et histoires, et retissons le tissu de la vie terrestre. Ne commettez pas d'erreurs – il y a urgence. Nous avons tous un rôle majeur à jouer. Vous souvenez-vous de la raison de votre venue sur Terre ?

Avec tout mon amour.

L'INCARNATION

Qui sommes-nous et d'où venons-nous ?

△

L'heure de votre naissance

Avant votre naissance, votre âme a consulté le cosmos
afin d'organiser les détails de son incarnation.

Le lieu et les conditions ont été soigneusement orchestrés et semés
alors que vous franchissiez le seuil de l'entre-deux – le monde aquatique
de la Mère. Vous avez attendu dans ce vide fertile que toutes les étoiles
et les planètes du cosmos, connues et inconnues, s'alignent.

Une fois cet alignement réalisé, un portail s'est ouvert
et vous avez été intronisé à votre naissance dans le monde physique.
Votre âme s'est incarnée. Votre esprit a été semé. L'éternel s'est tissé
dans la matière. Le ciel et la Terre se sont unis.

Vos cellules, votre chair, votre squelette, vos yeux,
sont constitués d'anciennes explosions stellaires.
L'Univers s'est ordonné en tant que cosmos.
Votre seule existence séduit tous les esprits.

Comment vous êtes-vous incarné ?
Pourquoi avez-vous choisi de vous incarner ?
Les rideaux cosmiques se sont ouverts pour que commence
la grande danse de votre existence.

Vous êtes le danseur de cette vie. Votre parcours a été long pour parvenir
jusqu'ici, aujourd'hui et maintenant. Pour que votre graine soit semée.
Quelle époque pour s'incarner.

△

QU'EST-CE QU'UN ÊTRE STELLAIRE ?

D'aussi loin que je me souvienne, le sens de la vie, l'exploration de la conscience, notre place dans l'Univers, et tout particulièrement cette part éternelle de nous-mêmes que je nomme l'« âme », m'ont fascinée.

Qu'est-ce que l'âme ? Comment influe-t-elle sur notre être ? Pourquoi avons-nous choisi de nous incarner ? Où va-t-elle lorsque nous mourons ? Ces interrogations, et bien d'autres, continuent de me consumer.

C'est à travers des questions comme celles-ci qu'en 2010, j'ai découvert deux mots qui allaient impacter significativement ma vie – plus que tout autre avant ou depuis. Comme s'ils m'avaient toujours attendue. Ces deux mots, « être stellaire », m'ont changée à jamais.

Au fur et à mesure que je découvrais leur concept, quelque chose s'est animé en moi. Je ressentais à la fois de l'excitation et un profond sentiment de sérénité, car j'étais capable de mettre un nom sur une sensation que j'avais toujours ressentie mais n'étais jamais parvenue à exprimer. Cela m'a aidée à être plus présente à ma vie et à son mystère.

La première référence connue de l'« être stellaire » est due au psychologue américain, le Dr Timothy Leary, qui l'a utilisé pour décrire les restes d'un organisme vivant (un extraterrestre) trouvés sur une météorite. Mais il signifie bien plus que l'existence d'une vie ailleurs que sur la Terre. Le plus souvent, il est utilisé pour décrire les âmes qui se sont incarnées et ont vécu « quelque chose, quelque part », dans une autre vie, dans d'autres espaces.

Très sensible à cette interprétation, je ressens toujours son mystère et ses interrogations. Peut-être seules certaines âmes sont-elles des êtres stellaires.

Ou peut-être le sont-elles toutes. Certaines personnes se reconnaissent plus facilement dans ce concept parce que le voile de leurs souvenirs est plus fin ou qu'une « activation », un souvenir ou un éveil de leur esprit, de leur corps et de leur âme a eu lieu.

Ou peut-être certaines âmes ont-elles passé plus de temps (ou des temps plus récents) dans d'autres lieux que la Terre. Il leur est dès lors plus facile de se souvenir de l'interconnectivité de la Vie et d'avoir la certitude que nous ne sommes pas seuls dans l'Univers. Quoi qu'il en soit, un être stellaire appréhende à mon sens les capacités infinies de la conscience.

Les êtres stellaires savent qu'ils font partie d'une entité infiniment plus vaste qu'eux-mêmes et que tout dans l'Univers est interconnecté. Ils savent que nous ne sommes pas le centre de cet Univers, que la vie existe au-delà de notre perception limitée et que nous sommes connectés à toute vie, à la fois sur cette planète et dans l'Univers tout entier.

Un être stellaire sait qu'il est un être multidimensionnel et que la Vie révèle bien plus que ce qui est visible sur Terre. Il sait qu'il est bien plus qu'un simple corps et esprit. Certaines personnes arrivent sur Terre dotées de ce savoir. D'autres s'éveillent à cette idée.

Je crois que de nombreux êtres stellaires ont entendu l'appel pour venir accomplir leur mission dans la grande danse de la Vie – la graine en eux a été activée – et choisi de s'incarner à ce moment précis de l'histoire.

Être un être stellaire se définit davantage comme un éveil et une stimulation de la conscience que comme une connaissance innée de son être. Peut-être certaines âmes naissent-elles avec cette mémoire, tandis que d'autres s'éveillent à ce souvenir à un moment de leur vie et que d'autres encore restent à jamais endormies.

Le voyage et les origines de l'âme constituent probablement le plus grand mystère philosophique de l'humanité. Ce sujet n'a jamais cessé de captiver les philosophes, les mystiques, les scientifiques, les poètes et les artistes à travers les âges.

Et s'il est impossible de parler de certitude concernant ce mystère, l'un des plus grands de l'Univers, je sais avoir eu depuis mon plus jeune âge des souvenirs et des aperçus de vies antérieures dans des dimensions autres que la seule dimension terrestre. Des souvenirs spontanés d'expériences distinctes de ma vie actuelle, dans d'autres lieux. J'ai essayé de décrire ces visions dans mes jeux d'oracles et découvert grâce à mon travail ne pas être la seule dans ce cas. Peut-être êtes-vous vous aussi frappé par ces réminiscences qui sont, à mon sens, issues de souvenirs imprimés dans notre âme.

Un être stellaire connaît sa place dans l'Univers et considère cette vie comme un simple passage lors du long voyage de son âme. Il sait être un être éternel, en constante évolution, qui participe à la vaste danse cosmique. Il se sait connecté aux plantes et aux pierres, comme au Soleil, aux étoiles, aux planètes et à la Lune.

Les êtres stellaires ont conscience de la perpétuelle évolution de la Vie et d'être une âme vivant une expérience humaine. Ils savent qu'une raison spécifique les a amenés à s'incarner, qu'ils sont à la fois extraordinaires et ordinaires – comme toute chose dans la Vie – et appelés, à l'instar de tous les êtres, à jouer une partition unique dans leur existence terrestre.

Certains croient que les êtres stellaires ne représentent actuellement qu'une petite fraction de la population et commencent seulement à s'incarner en nombre croissant. D'autres pensent qu'ils sont nombreux à s'être incarnés encore et encore pour nous préparer à affronter cette époque. Peut-être est-ce la réalité pour tous ? Je pense pour ma part qu'un être stellaire est une âme qui a décidé activement d'être ici aujourd'hui, à ce moment charnière de l'histoire, pour influencer les heures que nous sommes en train de vivre. Et quelles heures !

Toute ma vie, j'ai ressenti au plus profond de mon être cette urgence, cette invitation, cette pression destinées à me souvenir de la raison de ma venue sur Terre. Peut-être les avez-vous ressenties vous aussi ? Jeune fille, je disais à ma mère que j'étais venue accomplir une mission et que je n'étais pas seule. Le voyage depuis ce jour jusqu'à l'écriture de ces pages a été difficile et parfois terriblement solitaire. L'urgence m'a maintenue éveillée de nombreuses nuits et poussée à travailler sans relâche pour trouver le chemin de mon âme – je n'avais pas les mots pour exprimer cet appel.

Je crois que de nombreux êtres stellaires naissent sur cette Terre avec une graine ou une étincelle qui les invitent et les inviteront toujours à se souvenir de la raison de leur incarnation. Peut-être cette graine et cette étincelle sont-elles précisément à l'origine de leur venue.

Peut-être cette graine et cette étincelle existent-elles en chacun de nous. En sommeil chez certains, activées et actives chez d'autres.

Je crois que les êtres stellaires sont pertinemment placés sur la planète et que, une fois éveillés, activés et intégrés, ils ont sur le monde un puissant impact énergétique. Je crois également que beaucoup se sont entraînés et préparés à affronter cette période de l'histoire au fil de nombreuses vies, que chaque âme a une note unique à jouer dans la grande réorchestration – et que cette réorchestration a lieu aujourd'hui même.

Je me suis éveillée relativement jeune aux premiers appels de mon âme ; il m'a fallu toutefois plusieurs décennies pour trouver le courage d'accorder ma confiance, de m'abandonner et d'agir concrètement. Et, comme pour la plupart des gens, mon parcours n'a pas été facile.

À la fin de mon adolescence, j'occupais plusieurs emplois à temps partiel afin de pouvoir me former aux arts intuitifs et mystiques, et m'informer le mieux possible sur le voyage de l'âme et notre place dans l'Univers. Je ne voyais pas cette fascination et cette passion naturelles comme une voie légitime, mais comme un joyau que je dédiais à ma vie personnelle. Entre 20 et 30 ans, j'ai commencé à sortir de mon placard spirituel en proposant des ateliers pendant le temps libre que me laissaient mon emploi de directrice créative et mon travail de créativité conceptuelle.

Il est devenu rapidement évident que je venais soutenir les âmes qui se rappelaient s'être incarnées avec un objectif et étaient investies à la fois d'une mission d'âme *individuelle* (pour la croissance de leur âme) et *collective* (pour influencer le collectif). J'ai baptisé ces missions « double mission » (ce que nous explorerons plus en détail dans le chapitre « La mission de l'âme »).

Au fil des années et de mon travail avec des milliers de personnes à travers le monde, j'ai décelé des similitudes entre celles qui, bien qu'apparemment différentes et issues de tous horizons, partageaient des caractéristiques spirituelles identiques. Beaucoup savaient depuis leur plus jeune âge qu'elles étaient venues sur Terre pour accomplir une mission et avaient le sentiment que le temps leur était compté pour y parvenir.

Ce savoir semblait inné plutôt qu'acquis. Beaucoup parmi ces personnes se sentaient isolées dans la partie du monde où elles avaient été « semées » et étrangères au sein de leur famille, de leur école ou de leur ville ; elles aspiraient à se connecter à leurs âmes sœurs. J'en fais partie. Plus je progressais dans mon travail et multipliais les rencontres, plus je voyais émerger des modèles et plus ma vision de ces âmes semées avec soin dans un lieu précis se clarifiait, comme si ce lieu, les détails et l'heure de leur naissance, leur éducation avaient été soigneusement orchestrés.

Certaines de ces âmes étaient nées dans des familles très différentes d'elles sur le plan spirituel, tandis que d'autres recevaient une éducation propre à les soutenir dans leur voyage. Chacune était dotée de son programme personnel, mais collaborait avec d'autres sur des missions collectives – certaines pour briser les systèmes et les structures archaïques ; d'autres pour clarifier le passé ; d'autres encore pour offrir de nouvelles perspectives, pour des raisons karmiques, afin d'offrir un soutien, d'animer, d'activer ou de libérer la voie à l'intention des futures âmes incarnées.

J'ai remarqué qu'une fois réveillés, la plupart des êtres stellaires trouvent terriblement complexe d'avoir une conversation, un emploi et une relation dénués de sens. Ils savent de façon innée que la vie est infiniment plus riche et se mettent au « travail » en intégrant cette notion. Ils peuvent ainsi trouver frustrants le rythme du monde et la lenteur des gens et des systèmes à évoluer.

J'ai découvert que beaucoup vivaient des expériences « d'éveil » significatives relativement jeunes. Que beaucoup, aussi, se sentaient différents – comme s'ils ne parvenaient pas à s'intégrer dans le monde –, aspirant à trouver un lieu ou des personnes susceptibles de leur offrir un sentiment d'appartenance.

Je voudrais ajouter que – notamment en Occident – nous sommes si déconnectés de la Terre et de nos ancêtres que cette sensation de décalage peut être accentuée physiquement et demande un travail de fond. Avoir accès aux ressources permettant d'y parvenir est un grand privilège.

De nombreux êtres stellaires se souviennent de l'existence de l'unité et ont tendance à vouloir quitter le monde (le transcender) en raison de la douleur associée à la séparation. Si ces propos résonnent en vous, je vous exhorte à vous engager à être présent dans votre vie, ici et maintenant. Je sais que la polarité inhérente à la vie terrestre – les expériences contraires et parfois contradictoires qui l'accompagnent – peut être difficile à supporter. Mais je sais aussi que du point de vue de l'âme, vous pouvez aspirer à l'unité de la Source ou de l'esprit. La Terre est une planète de polarité et vous êtes ici parce que votre âme a choisi de s'y incarner aujourd'hui.

Lorsque nous regardons et nous concentrons uniquement sur l'unité (en ignorant la réalité de l'expérience terrestre), nous impactons la planète sur le plan énergétique. Lorsque nous observons ou contournons la complexité ou l'inconfort, nous évitons la réalité de l'expérience humaine. Si telle est votre tendance, sachez que vous n'êtes pas seul. Et que l'heure est venue d'approfondir votre quête. De vous engager à être pleinement présent ici et maintenant. Afin d'appeler toutes les parts de votre âme à revenir en vous.

Parce que certains êtres stellaires se sentent « différents », il n'est pas rare qu'ils passent une partie de leur vie à tenter de s'intégrer ou, au contraire, se réfugient dans des « placards » spirituels. Or, depuis la perspective de l'âme, vouloir s'insérer dans une case va à l'encontre de l'essence même de notre être. Nous sommes des êtres uniques, aux multiples facettes. Plus nous nous enfermons et nous isolons, plus nous devenons invisibles et éprouvons un sentiment de solitude. Plus nous embrassons notre unicité et révélons au monde qui nous sommes, plus il devient facile pour nos semblables de nous trouver et pour nous de créer une vie en phase avec notre âme. Plus nous nous cachons, plus nous nous sentons seuls et étrangers, à la fois en nous-mêmes et au sein du monde.

Ascendant Scorpion, je me suis toujours sentie à l'aise dans les profondeurs et désireuse d'alchimiser les ombres. En regardant en arrière aujourd'hui, je comprends que j'avais l'habitude de vivre selon un schéma où les vies spirituelle et humaine coexistaient tout en paraissant toujours distinctes. Je comprends aujourd'hui l'influence d'une telle dissension sur les problèmes du monde et comment elle a pu paralyser la guérison ou l'unité. Je crois que nous commençons aujourd'hui à gérer cette séparation et qu'un appel ancestral pour la véritable intégration est en cours.

Les heures que nous vivons aujourd'hui nous exhortent à rester présents à tout ce qui survient. À intégrer les pôles opposés de l'expérience humaine afin de réaliser une unité durable et de tisser l'âme, le cosmique, le sacré et le divin dans la Terre, dans la matière, et dans nos vies humaines physiques et quotidiennes.

NOUS SOMMES CONSTITUÉS DE POUSSIÈRE D'ÉTOILES

Selon les scientifiques, nous sommes constitués de poussière d'étoiles. Loin d'être une déclaration poétique, c'est un fait – nous sommes profondément connectés à l'Univers au niveau cellulaire. D'anciennes explosions stellaires ont façonné nos corps – nos organes, nos cellules et notre squelette.

La poussière d'étoiles circule continuellement en nous, régénérant nos corps à chaque respiration et à chaque instant. Ainsi, je m'interroge : sommes-nous tous issus des mêmes étoiles ? Ou sommes-nous chacun une combinaison d'astres distincts ? Nous reconstellons-nous en tournant autour du monde dans notre infime coin de l'Univers ?

Ces étoiles anciennes résonnent-elles dans nos corps ? Les discernons-nous dans la beauté unique, complexe et saisissante de nos iris ? Ou l'âme est-elle le créateur de ce chef-d'œuvre ? Une empreinte unique, une nouvelle caractéristique créée à chaque nouvelle leçon, perte, initiation, difficulté, don et vie ?

Et d'où vient l'âme ? Pourquoi n'en gardons-nous pas tous le souvenir ? Qu'oublions-nous ? Le saurons-nous jamais ?

Tous les éléments de cette planète sont composés de la même substance stellaire. Comme Karel et Iris Schrijver l'expliquent dans leur livre *Vivre avec les étoiles* : « Nos corps sont composés des braises carbonisées d'étoiles libérées dans la galaxie lors d'explosions massives bien avant que la gravité ne les attire pour constituer la Terre. Ces vestiges constituent aujourd'hui les matériaux de notre corps[1]. »

---

1. K. Schrijver et I. Schrijver, *Vivre avec les étoiles. Comment le corps humain est connecté aux cycles de vie de la Terre, des planètes et des étoiles*, Oxford, Oxford University Press, 2015, p. 1.

Ce qui est vrai non seulement pour nous mais aussi pour chaque objet, organisme et être vivant.

Peut-être est-ce la raison pour laquelle nous pouvons découvrir les secrets de l'Univers en plongeant notre regard dans celui de l'être aimé. En contemplant une fleur, un arbre ou une simple vague. Les supernovae. Les explosions stellaires étincelantes. Ce qui est en haut est comme ce qui est en bas.

La planète Terre est cosmique – il est facile de l'oublier. Nous ne sommes qu'un grain de poussière, une graine unique au sein de l'Univers. Le seul que nous connaissons. Nous souviendrons-nous avant qu'il ne soit trop tard que nous ne constituons pas le centre de cet Univers ? Qu'il est inconcevable que nous y soyons seuls ? Allons-nous prendre conscience que nous sommes tous plus semblables que différents ? Que nous possédons un même squelette, une même chair, que nos cœurs battent à l'unisson ? Nous sommes de « vieilles âmes » incarnées dans des corps humains. Différentes mais composées d'éléments identiques.

△
REVENIR AU PASSÉ

Mystiques, théologiens, philosophes, scientifiques, visionnaires, saints, poètes et sages à travers les âges ont lutté pour expliquer le mystère des astres et notre place dans l'Univers, cette part de nous-mêmes existant au-delà de notre monde physique. Elle est la force intelligente qui nous offre la vie. Le pouls à l'origine de la rotation des planètes et de l'alternance des saisons.

La part de nous-mêmes qui se souvient et qui est éternelle – qui naît avec la connaissance et survit à la mort inéluctable du corps physique ; cette part intelligente de notre être connectée à la mystérieuse intelligence de l'Univers.

Les anciens contemplaient le ciel nocturne pour comprendre qui ils étaient, ainsi que leur place et leur raison d'être au cœur de l'Univers. Les nombreux mythes et histoires du monde entier ont transmis leur savoir de bouche à oreille dans d'anciennes langues oubliées – le mystère de la création et le lien de l'homme avec les étoiles résonnent encore aujourd'hui. On pense que les anciens peuples s'appuyaient sur la transmission orale de ces mythes et récits par les bergers, les conteurs, les sages, les guérisseurs, les prêtres et les paysans.

En observant la voûte constellée d'étoiles, les anciens avaient remarqué que le Soleil, la Lune et les étoiles suivaient à travers les cieux des trajectoires précises correspondant aux saisons, tandis que les planètes obéissaient à un rythme distinct. Ainsi, les Égyptiens avaient découvert que le lever annuel de Sirius (l'étoile la plus brillante du ciel nocturne, également appelée Alpha Canis Majoris) coïncidait avec la saison des inondations du Nil, un phénomène encore avéré à ce jour.

Selon le savant australien Ragbir Bhathal, bien avant que les civilisations européennes nomment les planètes et les étoiles observables dans le ciel nocturne, les peuples aborigènes d'Australie les avaient non seulement baptisées mais avaient également construit un système de connaissances astronomiques intégré à leur vie sociale, culturelle et religieuse[1].

Les aborigènes australiens partagent leurs récits du ciel – issus de cet espace-temps où les hommes se ressourcent en rêve – depuis (au moins) quarante mille ans. Beaucoup utilisent l'orientation de la constellation dite du grand émeu céleste pour déterminer le moment idéal pour ramasser les œufs de l'émeu terrestre. Lorsque le grand émeu céleste apparaît sur l'horizon oriental après le coucher du soleil, il signale la nidation des émeus terrestres – ce qui signifie que leurs œufs doivent encore être couvés. Plus tard dans l'année, cette constellation s'élève dans le ciel et l'apparition de son corps à son zénith après le coucher du soleil indique qu'il est temps d'aller les ramasser.

Certains récits de la création du monde sont reliés aux étoiles.

Les textes égyptiens antiques suggèrent que les dieux eux-mêmes sont issus des étoiles – Osiris de la grande constellation d'Orion, Isis de Sirius, etc. – et ont créé l'humanité. Les pyramides de Gizeh en Égypte, l'une des sept merveilles du monde, sont alignées sur les trois étoiles de la ceinture ou baudrier d'Orion (Mintaka, Alnitak et Alnilam).

De l'autre côté de la planète, les pyramides du Soleil, de la Lune et de Quetzalcoatl dans l'ancienne ville mésoaméricaine de Teotihuacán, près de Mexico, s'alignent elles aussi précisément sur Orion, et selon les mythes, les dieux seraient venus sur Terre dans ce lieu précis d'alignement cosmique. Dans la péninsule mexicaine du Yucatán, les anciens Mayas ont érigé des temples et des observatoires en pierre afin de pouvoir observer les étoiles ;

1. R. Bhathal, « Astronomy in Aboriginal Culture », 2006, https://academic.oup.com/astrogeo/article/47/5/5.27/231805 (consulté le 3 septembre 2020).

ils sont eux aussi réputés pour l'incroyable précision de leur calendrier astronomique.

Au Mali, en Afrique de l'Ouest, une légende et une cérémonie de la tribu Dogon sont centrées sur Sirius. La cérémonie, appelée Sigui, se déroule quand Sirius atteint un point spécifique dans le ciel nocturne et se fonde sur la légende selon laquelle, il y a environ trois mille ans, des êtres amphibies venus de cette étoile auraient rendu visite à la tribu.

Dans le Wiltshire, au Royaume-Uni, le cromlech ou cercle de pierres néolithiques d'Avebury se dresse dans l'alignement de la Voie lactée et, à proximité, le cercle de pierres de Stonehenge a été conçu pour recevoir le premier rayon de soleil aux solstices d'été et d'hiver. Dans le monde entier, de nombreux temples et autres lieux de culte révèlent d'étonnants tracés similaires. Et d'innombrables cercles de pierres et temples ont été érigés dans l'alignement des solstices d'été et d'hiver dans l'Antiquité, y compris le complexe du temple de Karnak en Égypte et de Buena Vista au Pérou, pour ne nommer qu'eux.

L'importance des étoiles et du ciel se révèle également dans de nombreux mythes et légendes. Les mythes celtes sur les étoiles évoquent les murmures des fées descendant sur la Terre, tandis que la mythologie grecque cite la création de systèmes stellaires tels que Taurus, « le Taureau », et fait référence aux Hyades et aux Pléiades, deux amas stellaires ouverts remarqués par un grand nombre de civilisations anciennes.

Dans la mythologie grecque, Orion était un chasseur associé à la constellation aujourd'hui connue sous son nom ; dans la tradition celte, il était associé à la chasse – avec le chasseur fantôme Herne, le dieu Cernunnos, le roi mythologique Gwyn ap Nudd et Aran. Pégase, constellation du ciel septentrional, est parée d'une signification riche et variée selon les civilisations. Son nom lui vient du cheval ailé de la légende grecque, dont les sabots faisaient jaillir des sources d'eau susceptibles de fournir un flux poétique aux écrivains en mal d'inspiration. Les Celtes la nommaient « cheval de Llyr » ou « dieu de la mer » – un animal blanc somptueux présent dans de nombreux mythes celtes. Aujourd'hui, nous nous référons encore aux « chevaux blancs » pour nommer les crêtes des vagues dans l'océan.

En Arizona, aux États-Unis, la culture amérindienne Anasazi (les ancêtres du peuple Hopi) a fondé des colonies sur trois mesas (collines au sommet plat) correspondant à la forme de la constellation d'Orion. Et les mythes de la création des peuples amérindiens Cherokee, Onondaga, Pawnee et Seneca parlent de la « Femme Étoile[2] ». Ces récits révèlent l'éventualité de relations physiques directes entre les peuples de la Terre et du Ciel.

Dans la mythologie Pawnee, le Soleil, la Lune et les étoiles sont vénérés comme des dieux – l'Étoile du soir (le féminin) et l'Étoile du matin (le masculin) se sont unies pour créer les premiers hommes. Les Pawnees travaillaient également avec la sagesse des étoiles lorsqu'ils plantaient le maïs afin de s'assurer des récoltes abondantes[3].

D'où vient l'âme ? Comment sommes-nous arrivés sur Terre ? Où allons-nous lorsque nous mourons ? Ces questions constituent quelques-unes des plus grandes interrogations de tous les temps. Lorsque nous observons l'archéo-astronomie antique, nous ne pouvons nous empêcher de nous interroger : les anciens étaient-ils plus érudits que nous quant à nos origines ? Que connaissaient-ils de notre lien avec les étoiles ? Ces mystères nous seront-ils révélés de notre vivant ?

---

2. C. E. Schorer, « Indian Tales of C. C. Trowbridge: "The Star Woman" », 1962, www.jstor.com/stable/4317945 (consulté le 2 septembre 2020).
3. G. B. Grinnell, « Pawnee Mythology », 1893, www.jstor.com/stable/533298 (consulté le 2 septembre 2020).

△

LE RÉVEIL

Pour certains, les êtres stellaires sont des âmes ayant répondu à un appel pour s'incarner sur Terre à ce moment charnière de son histoire. Il est indéniable que notre planète vit aujourd'hui une crise globale et l'opportunité d'une évolution vers une nouvelle humanité.

Parfois, nous avons le sentiment de vivre dans une cocotte-minute. Nous assistons à la mort de nos anciens usages et il devient évident que toute renaissance sera impossible si nous ne vivons pas consciemment les spasmes de cette époque et refusons qu'ils participent à notre évolution. Or nous *devons* leur permettre de nous faire évoluer en tant qu'espèce.

Nombre d'entre nous ont déjà traversé leur réveil personnel au cours des décennies passées. Nous pourrions dire que, d'une certaine manière, nous nous y préparons depuis des années, voire des vies entières.

Toutefois, la majorité des personnes a été tirée de son sommeil au milieu de son canal de naissance – quelque part entre la mort et une possible renaissance planétaire. Dans le meilleur des cas, le processus d'éveil est déjà complexe, mais il le devient plus encore dans le monde d'aujourd'hui, altéré par les clivages et la souffrance que lui a infligée l'humanité.

Quelle que soit l'étape de ce voyage (son processus ne s'achève jamais), nous nous éveillons tous à une certitude : les philosophies et les avertissements des anciens ne sont plus des prédictions mais notre réalité actuelle. Ce que nous accomplissons aujourd'hui est donc essentiel. Nous ne pouvons plus ignorer l'évidence de la situation. Que nous le voulions ou non, nous traversons ensemble cette mort annoncée et notre possible renaissance.

Il est clair que vivre inconsciemment – en nous séparant de la nature et les uns des autres – n'est plus une option viable. La Mère elle-même nous exhorte de toute urgence à répondre à son appel avant qu'il ne soit trop tard (pour nous et non pour elle). Mais il devient clair que, pour retourner dans ses bras et traverser cette époque tumultueuse de l'histoire de l'humanité, nous devons trouver un moyen de nous unir et de réparer ce qui a été rompu, nous rappeler qui nous sommes, la raison de notre présence sur Terre, et nous engager à être présents dans le monde dans lequel nous sommes nés.

Je crois que toutes les âmes qui sont ici aujourd'hui ont, dans une certaine mesure, choisi de s'y incarner. Je crois aussi que certaines se sont incarnées en « équipes » – une assemblée d'âmes ayant décidé de relever le défi de ces heures tumultueuses et d'aider l'humanité à se rappeler sa nature véritable. De nous aider aussi à revenir les uns aux autres et à la planète Terre. De revenir à l'amour. Il est essentiel de comprendre que celui-ci est impossible si l'on n'est pas présent à ce qui *est*. Tout comme l'unité est irréalisable si l'on ne reconnaît pas la rupture qui se produit encore et toujours.

À bien des égards, ces heures sont douloureuses ; mais considérées depuis la perspective de l'âme, elles peuvent aussi se révéler bénéfiques en raison de la multitude de changements et de la vitesse à laquelle ceux-ci se réalisent. Je pense que nous avons choisi de nous incarner aujourd'hui pour faire partie de cette mission et influencer son issue.

Je crois que nous sommes sur Terre – dans ce corps, ce lieu, en ce moment précis – non pas par hasard mais par choix. Le seul fait de notre présence est fondamental. Nous sommes désormais réveillés. Puissions-nous dès lors jouer notre rôle et entreprendre des actions fondées et cohérentes afin de répondre à l'appel de notre âme, et revenir nous incarner, encore et toujours.

Le retour

Nous sommes les Enfants de la Terre et du Ciel.
Des âmes éternelles vivant une expérience humaine.

Cette vie ne constitue qu'un point dans la grande tapisserie de l'humanité.

Un tournant dans le cycle de la Terre.
Nous sommes retenus sur cette planète par la gravité,
le souffle et le temps.

Nous succombons à la folle expérience à la fois délicieuse
et terrible de nous-mêmes et des autres.

Nous trouvons notre foyer là où nous sommes.

Sans être tout à fait en mesure de nous rappeler,
ou d'oublier, nos autres foyers célestes.

△ LA NOSTALGIE D'UN FOYER

Hiraeth est un mot gallois difficile à traduire qui fait référence à une certaine nostalgie ou mal du pays. Le rêve d'un foyer ou d'un lieu dans lequel nous ne pouvons pas revenir. Ce désir inexplicable, inébranlable du « chez-soi », sans même connaître sa signification, est commun chez tous les êtres stellaires.

Pour certains, il est l'image lointaine d'un lieu dont leur âme se souvient et qu'ils aspirent à retrouver. Quelque part, un jour, ils ont vécu avant cet ici et maintenant. Pour d'autres, il reflète le désir d'un retour à l'unité de la Source ; cette unité interconnectée en opposition à la rupture ressentie aujourd'hui.

Je crois qu'il est possible de créer ce sentiment qui parle de la création du paradis sur Terre afin d'ensemencer notre âme dans nos cellules. Beaucoup d'entre nous ont un aperçu de ce « chez-soi » lorsqu'ils méditent ou passent du temps dans la nature, pour souvent en être subitement arrachés. Nous passons notre vie à évoluer entre les deux. À bien des égards, notre déconnexion de la nature rend ce désir plus spécifique encore. Nos âmes et nos corps se souviennent à peine du potentiel de la véritable interconnexion.

Pour beaucoup d'entre nous, la séparation originelle – la première ressentie – peut survenir juste après la naissance. Lorsque nous passons des eaux chaudes de l'utérus où tous nos besoins sont satisfaits à (dans de nombreux cas) une pièce brillamment éclairée où nous sommes brutalement arrachés à notre mère, notre « maison ».

Je pense qu'avant de se développer dans l'utérus, l'âme choisit de s'incarner et prend cette décision dans un lieu étranger à ceux que nous connaissons. Je pense que l'âme choisit de revivre des expériences au travers de la vie terrestre qui constitue une immense aventure ; et qu'elle est plus habituée aux espaces où la séparation n'existe pas.

Plus l'âme a passé de temps dans ces lieux, plus la rupture peut être ressentie et le désir de retrouver l'unité, prononcé.

Ce désir peut amener certaines personnes à rechercher sur la planète un lieu physique qui leur confère un sentiment d'appartenance.

Pour d'autres, il peut se manifester par un besoin de trouver un lieu ou une personne qui leur donne le sentiment d'être « chez eux ». En tant qu'espèce beaucoup d'entre nous sont séparés les uns des autres, notamment en Occident. Nous nous considérons comme le centre ou plutôt le point culminant de la vie sur la Terre, capables d'infléchir et de contrôler chaque chose selon notre volonté. C'est précisément cet effort patriarcal de dominer et de conquérir qui induit en nous une sensation accrue de solitude, de déconnexion et d'égarement.

Si vous éprouvez une sensation d'égarement ou de nostalgie sans savoir où se situe votre « maison », ni même ce que signifie ce sentiment d'appartenance, il est utile de vous rappeler que votre âme a choisi de s'incarner aujourd'hui dans *ce* corps. Je crois que la mémoire du « chez-soi » ressentie par les êtres stellaires peut susciter le désir d'échapper à la douleur et à la séparation si manifestes dans le monde actuel. Et s'il nous semble logique de réaliser ce souhait, il devient de plus en plus évident qu'il ne sera pas réalisable tant que chacun ne jouera pas son rôle et ne sera pas protégé, identique, aimé et libre.

Le désir d'un chez-soi peut être amplifié si l'on considère notre histoire ancestrale personnelle. Beaucoup d'entre nous vivent sur des terres distinctes de celle de leurs ancêtres, que ce soit en raison – entre autres – de la mondialisation des déplacements ou des multiples conséquences du colonialisme. Peut-être les êtres stellaires ont-ils tendance à la transcendance parce qu'ils ont connu des lieux différents d'ici ; et peut-être cette réalité explique-t-elle la difficulté de nombre d'entre eux à appréhender les raisons qui conduisent l'humanité à continuer à se séparer en groupes. Pourquoi elle érige des murs et des frontières ; divise et conquiert ? Peut-être ces structures, ces systèmes et ces comportements sont-ils précisément ce que nous sommes venus défaire, et cette véritable unité ne peut-elle se réaliser que si nous intégrons pleinement le sacré ici, sur Terre.

Il devient clair que les heures que nous vivons actuellement abordent précisément ce sujet – celui du désapprentissage, du dénouement, du démantèlement et de la reconstruction. Pour réussir à revenir l'un vers l'autre, nous sentir unis et chez nous, nous devons autoriser ce démantèlement et cette reconstruction. Et si cela peut stimuler l'envie, considérer cette vie comme une formidable aventure pour l'âme et appeler toutes les parts de nous-mêmes qui nous ont abandonnés à revenir en nous.

L'ACTIVATION DES ÊTRES STELLAIRES

« Je choisis de m'implanter ici
et de m'engager pleinement dans mon incarnation.

Je choisis de considérer cette vie comme une grande aventure pour l'âme.

Je choisis de créer activement le foyer dans lequel je vis aujourd'hui.

Je choisis de rappeler chaque part de mon être. »

△

QUELLE ÉPOQUE POUR S'INCARNER

En 2020, ma guidance intérieure m'a révélé que de nombreux êtres stellaires achevaient leurs missions d'âme collectives tandis que d'autres en vivaient les prémices. Comme si ce moment constituait un point de transition.

Le moi humain a besoin de temps pour se régénérer, et l'âme est orientée pour s'incarner plus pleinement. Plus nous avons passé de temps dans les chakras supérieurs, plus nous devons nous ancrer profondément dans la Terre.

Plus nous vivons intensément notre incarnation, plus notre impact est puissant et plus notre lumière se diffuse. Il est temps d'incarner ce que nous avons appris spirituellement et aussi de « déconstruire ».

Alors que de nombreuses missions collectives de l'âme s'achèvent et renaissent, nous pouvons avoir le sentiment de vivre une double mort. Celle-ci est déconcertante. Elle est censée l'être. Nous renégocions tout et nous réengageons.

Remettre en question tout ce que vous avez toujours su être vrai est précieux. Car c'est précisément ce que signifie mourir et renaître.

Aujourd'hui, alors que le monde se réveille collectivement, de nombreuses âmes sont éprouvées par le chagrin. Peu importe que votre réveil soit heureux ; se réveiller n'est jamais plaisant. Et le réveil est quotidien. Cela paraît démesuré. Mais cela doit l'être. Nous prenons conscience de qui nous sommes ; du fait que notre planète pourrait ne pas survivre et que l'extinction de l'espèce humaine (ainsi que de millions d'autres) est une issue possible.

Le plus tragique étant que notre comportement vis-à-vis de ce monde, des êtres qui l'habitent et des uns et des autres est à l'origine de ce désastre.

Vous n'êtes pas le seul fautif et n'avez pas à porter seul ce fardeau. Mais ceux d'entre nous qui se sont incarnés aujourd'hui ont le devoir d'assumer la responsabilité de notre situation en tant qu'espèce. Ces heures doivent nous initier à prendre des mesures cohérentes, fondées et authentiques.

Nous sommes tous l'enfant de quelqu'un. Nous avons été éduqués par des personnes ayant accompli des choses extraordinaires, par d'autres plus ignorantes et d'autres encore qui détenaient le savoir mais avaient décidé de l'ignorer. Nous devons aujourd'hui reconnaître où nous nous situons et comment nous sommes arrivés là.

Il est temps de passer à la vitesse supérieure, d'ouvrir nos esprits et nos cœurs les uns aux autres. De nous abandonner à des solutions distinctes de tout ce que nous avions envisagé. De nous engager pleinement pour cette planète et les uns pour les autres, et de semer nos âmes sur Terre. De ne plus fuir vers les cieux pour éviter la densité – nous devons embarquer sur ce navire de polarité ensemble. Et peu importent nos divisions, à la fin de la journée, nous serons tous réunis sur ce vaisseau.

Pendant trop longtemps, beaucoup d'« éveillés » se sont dissociés eux-mêmes de l'humanité dans le cadre du processus d'éveil ou d'un traumatisme. La compréhension du traumatisme a beaucoup progressé, et de nombreuses thérapies sont aujourd'hui à même de le traiter. L'accès à la thérapie est certes un privilège. Parfois, nos expériences difficiles nous amènent à estimer le monde trop cruel, trop dense, trop douloureux pour y vivre pleinement. Mais elles détiennent aussi le potentiel d'un nouveau jour, l'amorce d'une nouvelle ère – voire, comme certains le prétendent, le potentiel d'un nouveau monde. Nous avons l'opportunité d'enfanter ce qui est réalisable.

Il y aura des contractions. Le travail, comme le processus d'éveil, n'est jamais fluide. Nous guérissons et nettoyons, contrôlons et pleurons, nous réveillons et nous transformons, exactement comme il importe que nous le fassions. Personne n'est immunisé contre l'expérience humaine.

Pour certains, la blessure initiale peut survenir à la naissance. À leur arrivée sur Terre, ils découvrent un lieu qui n'est pas leur « maison », qui n'est pas la Source. C'est alors qu'a lieu la séparation de l'âme et du corps.

Je crois que l'un des objectifs de cette époque est de trouver le moyen de semer le ciel ici sur Terre ou plutôt de reconnaître son existence. Afin de retisser le sacré en ce monde – ce qui est en haut est comme ce qui est en bas. Afin de se souvenir de l'ancienne voie et d'en créer de nouvelles ou de visualiser l'espace dans lequel notre âme n'a pas été reconnue ou accueillie. Si nous voulons avoir une chance d'y parvenir, nous devons affronter ce qui nous sépare de la Terre et les uns des autres. Nous sommes tous des enfants de l'histoire et si notre âme a participé à sa création, nous savons aussi que l'état du monde ne peut être la faute d'un seul individu.

Nous sommes ici aujourd'hui parce que notre âme a choisi de s'incarner. Il est clair que la façon dont nous avons vécu et le mal que nous avons infligé doivent cesser. Sinon, nous *serons* arrêtés une fois pour toutes. Cette guérison est la plus grande et la plus insondable de toutes. Jusqu'à ce qu'elle se manifeste, la véritable unité ne sera jamais possible. Ensemble, nous créons la conscience qui détermine l'avenir du monde.

Il est normal de ressentir personnellement ce qui survient car personne n'est immunisé contre les événements du monde. Et personne ne les vit seul.

Puissions-nous nous souvenir de notre véritable nature (nous *sommes* la nature) et avoir suffisamment de recul pour trouver le chemin qui nous conduira de la séparation à l'unité planétaire. Cela ne signifie pas que l'expérience humaine sera fluide – bien au contraire.

La Terre est une planète de pôles, d'opposés et d'extrêmes. Dans le meilleur des cas, être humain est extrême. Et nous vivons des heures extrêmes.

La polarité de cette planète est réelle. Sa densité est réelle. Il est impossible de vivre le bonheur et l'amour, l'unité, sans affronter leur opposé. Telle est la réalité de l'expérience humaine. Nous devons l'embrasser. Ne jamais l'oublier. Aujourd'hui plus que jamais, l'heure de notre engagement a sonné. Même si nous souffrons ; surtout si nous souffrons. En tant qu'espèce nous sommes confrontés à une mort et une initiation collectives. L'alchimie est possible. Et vous êtes l'alchimiste.

L'alchimie n'est pas uniquement lumière et amour – bien au contraire. Elle exige de plonger dans les profondeurs insondables de l'expérience humaine pour la transformer en or. Car ce n'est qu'à travers les ténèbres, en nous abandonnant dans les abysses les plus obscurs du grand mystère lui-même, que cette lumière réelle, inébranlable, durable et le changement deviennent réalisables.

L'ACTIVATION DES ÊTRES STELLAIRES

« Je m'abandonne à mon rôle d'alchimiste cosmique.

Je choisis de considérer les extrêmes comme la voie
pour atteindre une unité authentique et durable.

Je m'engage à semer mon âme sur Terre
et à revenir chez moi dans mon corps. »

QUI SOMMES-NOUS EN RÉALITÉ ?

Je pense que nous naissons tous dotés d'une essence personnelle et que cette essence est l'âme, cette énergie perçue chez un nouveau-né avant que le monde extérieur n'appose sur lui son empreinte. Cette essence nous fascine car la présence puissante, innocente et divine invite notre âme à attester d'une grâce semblable.

Se souvenir de qui nous sommes en tant qu'âmes a été l'une de mes missions les plus déterminantes, tant sur le plan personnel que professionnel. Lorsque nous reconnaissons notre âme, nous appelons davantage notre force vitale, l'âme étant elle-même une force vitale.

L'essence unique de notre âme se façonne au travers de ses expériences. Tel un cristal aux multiples facettes ou une empreinte digitale, chacune crée une facette inédite ou une toute nouvelle boucle, arche ou spirale. Alors que l'âme poursuit son voyage, elle continue de créer et d'emporter avec elle de vie en vie les empreintes de ces expériences et de tout ce qui existe entre chacune d'elles.

Notre moi spirituel vit en nous à la naissance. Il transcende notre famille d'origine et peut être ressenti par ceux qui savent discerner l'âme dès le premier souffle. Dans notre société, nous manquons cruellement d'êtres capables d'y parvenir. Or toutes les âmes éprouvent le désir profond et ancestral d'être vues, considérées, accueillies dignement et avec bienveillance, de s'entendre dire qu'après ce long voyage épique, leur venue est reconnue.

Dans le chapitre suivant, vous trouverez une liste de qualités, dons et caractéristiques de l'âme que vous pourrez utiliser pour intégrer les multiples facettes de votre être depuis une perspective spirituelle. Ce sont les qualités uniques de cette part de vous-même qui existait avant votre premier souffle et perdurera après le dernier.

Bien sûr, notre âme n'est pas la seule à posséder ces qualités et ces caractéristiques – qui évoluent comme nous au cours de notre vie. Souvent, elles n'ont aucun sens au regard de notre vie humaine, de notre famille ou des « paysages » dans lesquels nous naissons. La façon la plus sûre de savoir qu'elles constituent vos dons est qu'elles ne relèvent d'aucune autre explication. J'ai pris conscience que, du point de vue de l'âme, la différence est l'objectif recherché. Être différent indique clairement l'existence d'un trésor.

Alors que je grandissais, les qualités et les dons de mon âme ne revêtaient pour moi aucun sens tant ils différaient de ceux de la famille dans laquelle je suis née. Des qualités telles que la sagesse, le mysticisme et les pouvoirs guérisseurs n'étaient pas rationnelles à mes yeux ; elles allaient pourtant me conduire dans des librairies poussiéreuses et m'amener à occuper trois emplois à temps partiel pendant mes vacances pour me permettre de mieux les appréhender.

Quand j'étais jeune, ces qualités inébranlables me conféraient un sentiment de marginalité alors que mon seul désir était de m'intégrer. Aujourd'hui, je les considère comme les clés qui m'ont ouvert la voie pour *être* et accomplir ma mission sur Terre.

Les qualités et les dons de l'âme peuvent être inexplicables (distincts de votre éducation et de vos conditions de vie) ou encouragés, renforcés par votre éducation et vos conditions de vie. Ceux que j'ai sentis émerger en moi et qui existent sur le plan spirituel sont fermes, engagés, ciblés et volontaires. Ayant travaillé avec les Annales akashiques et mes vies passées entre mes 20 et 30 ans, j'ai pu les exhumer. Ce sont aussi des qualités que je partage avec certains de mes ancêtres maternels comme ma mère, son père, son grand-père, etc.

Très souvent, les qualités et les dons de nos âmes sont mal appréhendés au cours de l'enfance ; puis, devenus adultes, nous parvenons à les nommer, à les revendiquer et à créer une vie en harmonie avec ce qu'ils représentent. Plus nous nommons qui nous sommes, plus il devient facile de revendiquer notre être. Plus nous revendiquons notre être, plus il devient facile de l'incarner au quotidien. Et plus nous l'incarnons au quotidien, plus nous sommes en phase avec la Vie.

Si vous avez des enfants, l'un des plus grands cadeaux que vous puissiez leur offrir est de discerner leur âme. De les remercier de s'être joints à vous ici et maintenant. Si vous avez la chance de tenir un bébé dans vos bras, prenez le temps de contempler son âme. La vie est une immense initiation pour celle qui entreprend le long voyage qui la mènera sur Terre. Plus vous reconnaissez cette réalité, plus l'enfant sera présent et s'ancrera au travers de votre recueillement. Et plus il sera à même d'incarner les qualités uniques qu'il est venu semer.

Lorsque vous vous regardez dans le miroir chaque jour, vous pouvez le réaliser également pour vous-même.

L'ACTIVATION DES ÊTRES STELLAIRES

Regardez-vous dans le miroir, apaisez votre regard
et perdez-vous dans les infimes détails de vos iris.
Connectez-vous à votre âme, à votre moi ancestral,
à cette part de vous-même qui a choisi d'être ici, maintenant, et dites :

« Merci d'être ici. J'appelle maintenant tout ce que je suis
et tout que je suis venu être ici sur Terre. »

△

À LA RENCONTRE DE NOTRE ÂME

Nous possédons en nous deux facettes – le moi humain et le moi spirituel. Le moi humain se compose de l'esprit et du corps ; c'est en quelque sorte le « costume » que notre âme revêt lors de son incarnation sur Terre. La matière dans laquelle elle existe.

Je pense qu'avant notre naissance, notre âme choisit consciemment un corps (qui réunit les schémas ancestraux, la dynamique familiale, le lieu et l'ADN) pour se développer, vivre son histoire karmique et accomplir ses missions d'âme personnelles et collectives. Sans le moi humain, elle ne peut vivre son expérience. Et sans l'âme, le moi humain cesse d'exister. Notre souffle les lie.

L'âme est notre moi éternel et inextinguible – cette part de nous-mêmes que nous portons de vie en vie et au-delà. Tout ce qu'elle vit parfait notre être spirituel. Je crois que nous avons vécu de nombreuses vies ici sur Terre et que beaucoup d'entre nous ont été influencés par leurs expériences dans le vaste cosmos, au-delà de cette planète.

L'âme porte en elle des impressions karmiques qui sont des souvenirs, des dons, des vœux, des contrats et des expériences. Un mot sanskrit constitue la base de cette théorie karmique : *samskara*. Les *samskaras* sont des impressions mentales, des souvenirs ou des empreintes psychologiques que notre âme emporte d'une vie à l'autre.

Selon diverses écoles de philosophie indienne, chaque action, expérience ou intention d'une âme imprime un *samskara* sur l'individu. Ces impressions sont ensuite activées au travers de l'expérience de vie. Dans d'anciens textes indiens, la théorie du *samskara* explique comment et pourquoi nous avons des souvenirs de nos existences passées, ainsi que l'effet de ces souvenirs à la fois positifs et négatifs sur nos expériences au cours de cette vie.

LES DONS DE L'ÂME

Sur les pages suivantes, vous trouverez une liste de qualités ou de traits de caractère. À l'aide d'un stylo de couleur, entourez ceux qui définissent le mieux votre *moi humain*. Cette part de vous-même constituée de votre corps et de votre esprit, de votre lignée et de votre famille d'origine, qui inclut les caractéristiques dont vous avez hérité, la vie qui vous est destinée ou celle dans laquelle vous êtes né.

Ensuite, à l'aide d'un stylo de couleur différente, entourez les qualités qui décrivent le mieux votre *âme*, cette part ancestrale et éternelle de votre être. Celles avec lesquelles vous êtes né, qui sont façonnées par votre âme au fil de vos différentes vies. Les dons de votre âme (qui vous viennent naturellement, quelle que soit votre éducation), votre destinée ou les graines de la destinée qui ont été semées en vous. Ces qualités et la vie que votre âme vous appelle à incarner, auxquelles vous devez faire confiance et avec lesquelles vous vivez.

Ne réfléchissez pas – faites confiance aux mots qui vous attirent spontanément. Ouvrez votre cœur afin de découvrir les qualités cachées de votre âme et les différences entre celle-ci et votre moi humain.

Courage *Bonheur* *Compagnon* *Enracinement* *Instigateur*

Aîné *Rival*

Timide

Enjoué *Guide* *Serein*

Visionnaire

Profondeurs insondables *Alchimiste* *Calme* *Déférence*

Professeur

Sage-femme *Plongée en profondeur*

Abondance *Guérisseur*

Empathie *Énergétique*

Nervosité

Puissance *Lumineux*

Éclairant

Cosmique *Remise en question* *Présence*

Beauté

Activateur *Générosité*

Élément déclencheur

Inspirant

Avisé *Jeunesse*

Compréhensif

Aventureux *Béni*

Ancien

Clarté

Magnificence

Débridé *Sauvage* *Élégance*

Sagesse *Sans limites* *Discerne le potentiel en tout*

Incisif

Incarné *Créatif* *Constant*

Pertinent *Doux* *Comblé*

Poétique

Pétillant *Compatissant*

Intense

Réfléchi

Ardent

Aventurier *Drôle*

Utile

Connecté

Patient *Acceptation*

Acharné *Motivé*

Spirituel *Conteur*

Ambition

Prêt *Intemporalité*

Mysticisme *Magie*

Bienveillance

Amour

Sacré

Ancré

Ici

Danseur

Capacité à se souvenir *Fluidité*

Intrépidité

Magicien

Fort

Opiniâtre

Passionné

Traditionnel

Spontané

Profond *Multidimensionnel*

Léger

Nourricier

Équilibré

Rafraîchissant *Amoureux*

Prise de risques

Dévoué *Force et énergie*

Curieux

Masculin divin

Ludique

Joueur *Féminin divin*

Enthousiaste

Présent

Reconnaissant *Canal*

Mère

Père

Attentionné *Explorateur*

Chaleureux

Non linéaire

△

NOUS N'AVONS JAMAIS ÉTÉ CENSÉS NOUS INTÉGRER

Ne gaspillez pas votre temps à essayer de vous adapter. Cela ne fonctionnera pas, et vous gâcheriez cette vie précieuse. La vôtre. Vous êtes bien plus que vous pouvez l'imaginer. Vous n'avez jamais été censé vous intégrer. Être vous-même est l'essentiel.

Ne passez pas votre vie à vouloir faire entrer à tout prix votre singularité dans la « boîte » du monde. Votre âme a besoin d'espace pour respirer. Laissez s'exprimer votre moi véritable. Mieux encore, oubliez la boîte. Vous n'avez jamais été destiné à vous modérer ou vous contenir. Vous n'avez jamais été censé vous intégrer. Être vous-même est l'essentiel.

Ne perdez pas vos heures, vos semaines, vos mois et vos années à rêver d'un ailleurs. Si vous saviez combien d'éléments ont dû s'unir pour que vous soyez ici en ce moment précis, vous cesseriez de rêver de cet « ailleurs ». Je sais que votre position peut s'avérer complexe et combien il peut être douloureux pour votre âme unique de ne pas être célébrée et vue. Vous n'avez jamais été censé vous intégrer. Être vous-même est l'essentiel.

Ne vous limitez pas en essayant de ressembler à un autre. Depuis la nuit des temps, votre âme et votre corps ont évolué pour devenir la personne que vous êtes aujourd'hui. Les étoiles ont explosé et la gravité les a attirées vers la Terre, afin que vous puissiez exister et respirer en cette seconde précise.

Vous n'avez jamais été censé vous intégrer.
Être vous-même est l'essentiel.

△

L'enfant de la Terre et des Étoiles

Enfant précieux de la Terre et des Étoiles.
Esprit incarné en cette heure si précieuse.
Votre âme a parcouru un long chemin pour parvenir jusqu'ici.

Enfant précieux de la Terre et des Étoiles.
Nourri par votre Mère, notre grande génitrice à tous.
Protégé par votre Père, gardien des étoiles.
Purifié par votre Grand-Mère, moteur des marées.
Réchauffé par votre Grand-Père qui illumine le ciel.

Enfant précieux de la Terre et des Étoiles.
Bercé chaque jour dans les bras de votre Mère.
Sublimé par la vision infinie de votre Père.
Embrassé par la luminance nocturne de votre Grand-Mère.

Réchauffé chaque matin par le lever immuable de votre Grand-Père.

Âme errante de si nombreux foyers.

Virevoltant à jamais entre oubli et souvenir.
En perpétuelle évolution.

Semé et planté le temps d'un souffle dans la tapisserie
de ce que l'humanité nomme le temps.

△

LA BIOGRAPHIE DE NOTRE ÂME

Inspiré des conférences du philosophe autrichien Rudolf Steiner, le travail biographique est une discipline qui développe la connaissance de soi en étudiant le grand mystère de l'expérience humaine au travers de la chronologie de la vie. J'ai tant appris grâce à ce travail puissant que je l'ai étendu à mon âme.

Si la vie humaine est un immense mystère, la vie spirituelle se révèle encore plus impénétrable, multiforme et profonde. Je nomme ce travail la « Biographie de l'Âme » et j'ai personnellement compris au fil des ans comment le fait de se souvenir, de découvrir et de revendiquer cette part de soi-même peut améliorer une vie déjà épanouissante en facilitant la connexion à cette dimension éternelle.

Avec le travail de la Biographie de l'Âme, j'ai l'intention de vous aider à vous connecter à cette dimension qui existait avant votre naissance et survivra longtemps après votre dernier souffle, afin que chaque facette de votre être puisse s'ancrer pleinement en ce monde. Je crois que cette part inextinguible – de vous, de nous – est connectée à toute Vie. Et qu'en nous connectant à elle, nous nous connectons à la force vitale de toutes choses. Je crois que cette part de nous-mêmes est disponible pour nous guider chaque jour et que plus nous apprenons à la connaître et développons le lien qui nous unit, plus les opportunités d'entrer dans le flux de la Vie se multiplient.

À mon sens, le but de la Biographie de l'Âme est d'appeler toutes les parts de notre être. Non pour passer notre temps à rêver d'un ailleurs, mais pour rassembler la confiance nécessaire qui permettra de revendiquer nos dons et nos qualités dans notre vie présente. Pour être et accomplir ce que nous sommes nés pour être et accomplir. Je crois que tous les dons, pouvoirs, savoirs ou expériences de l'âme sont accessibles afin d'être exploités ici et maintenant, et que tout ce que notre âme a vécu est à notre disposition. Mais, comme toujours, s'incarner et s'intégrer demandent des mesures concrètes et quotidiennes.

Les prochains chapitres vous serviront de base pour explorer votre Biographie de l'Âme. Si vous êtes appelé à approfondir votre mémoire personnelle, vous pouvez le faire en toute confiance ou, si vous en ressentez le besoin, vous faire accompagner par un praticien ou un enseignant qualifié. Mon cours en ligne *Discover Your Cosmic Blueprint* vous guidera également plus en détail sur www.rebeccacampbell.me/discoveryourcosmicblueprint. En revanche, si vous ne vous sentez pas appelé à explorer le souvenir de votre âme, écoutez votre intuition. Il n'existe pas de plus grande autorité que votre âme. Laissez-la – toujours – vous guider.

LES ANNALES AKASHIQUES

Une façon d'accéder à votre Biographie de l'Âme ou de commencer à vous souvenir de ses informations consiste à vous connecter aux Annales akashiques. Tôt dans ma carrière, j'ai travaillé avec ces archives qui m'ont permis de venir en aide à ceux venus quêter mon soutien. J'utilise toujours ce lien dans mon propre travail de l'âme, quoique de manière moins structurée.

Le concept des Annales akashiques, également connues sous le nom du « Livre de la Vie » ou de la « grande bibliothèque », décrit une série de pensées et de données non physiques, multidimensionnelles qui ont été, sont ou seront. De nombreuses traditions anciennes se réfèrent à ces annales comme au grand temple ou à la bibliothèque du ciel qui détient notre livre d'âme personnel, recueil de nos vies passées, de nos réalités présentes et de nos opportunités futures.

Dans son livre *Edgar Cayce et les Annales akashiques*, Kevin Todeschi écrit que Cayce, un mystique américain du xxe siècle, a suggéré que « des informations sur ces annales – le Livre de la Vie – se retrouvent dans le folklore et les mythes, ainsi que dans l'Ancien et le Nouveau Testament. Cet ouvrage fondamental aurait été consulté par des peuples aussi anciens que les peuples sémitiques – les Arabes, les Assyriens, les Phéniciens, les Babyloniens et les Hébreux qui croyaient tous en l'existence des tablettes célestes contenant l'histoire de l'humanité et toutes sortes d'informations spirituelles[1] ».

Les Annales akashiques sont référencées dans la mythologie occidentale et orientale – le terme « akashique » vient du mot sanskrit *Akasha* qui signifie « temps et espace illimités ».

1. K. Todeschi, *Edgar Cayce et les Annales akashiques*, Les Éditions A-1, 2002.

En travaillant avec ce concept et notre livre personnel de l'âme, nous pouvons accéder à des informations relatives à notre histoire passée, présente et future.

De nombreuses personnes dans les cercles spirituels estiment que les Annales akashiques existent dans la cinquième dimension, l'*Akasha*, et que nous pouvons obtenir leurs informations en voyageant à travers ces différentes dimensions. Pour ma part, je pense que nous pouvons y accéder à tout moment, de la même manière que nous nous connectons à notre intuition, dès lors que nous nous sommes connectés une première fois.

ACCÉDER AUX ANNALES AKASHIQUES

Comme pour tout travail de l'âme, il est essentiel de faire preuve d'un discernement profond et d'une grande clarté énergétique. Ouvrez toujours l'espace sacré de votre âme avant d'accéder à ces annales et refermez-le à la fin de votre quête car il peut être énergétiquement épuisant de rester connecté à l'ensemble de ces informations. Vous trouverez ci-dessous ma méthode pour ouvrir et fermer cet espace sacré avant et après un travail énergétique ou dévotionnel.

OUVRIR ET FERMER L'ESPACE SACRÉ DE L'ÂME

Pour ouvrir l'espace sacré de l'âme, placez simplement vos mains jointes devant votre cœur dans un geste de prière. Lorsque vous les avez connectées à votre chakra du cœur, inspirez à cet endroit précis et imaginez que votre cœur s'épanouit. J'aime visualiser une rose ou une fleur qui se déploie à chacune de mes respirations. Imaginez une lumière.

Une lumière inextinguible qui n'est autre que votre âme, votre moi ancestral – cette part de vous-même connectée à la sagesse de la Vie.

Joignez vos mains au-dessus de votre tête dans un geste de prière, puis ouvrez-les et faites-les descendre le long de votre corps avant de les ramener à nouveau paume contre paume. Ce faisant, imaginez la rose ou la fleur s'épanouir autour de vous et la lumière de votre âme grandir jusqu'à vous envelopper tout entier dans une sphère.

Pour fermer l'espace sacré de votre âme, répétez le même processus en sens inverse. Commencez par poser vos mains sur votre cœur, puis faites-les descendre vers votre chakra racine en ramenant autour de vous le manteau sacré de la lumière de l'âme avant de joindre à nouveau vos paumes au-dessus de votre tête dans un geste de prière. Ramenez-les ensuite vers votre cœur et savourez ce moment de gratitude avec votre âme.

Considérez ce processus d'ouverture et de fermeture de l'espace sacré de l'âme comme l'ouverture et la fermeture d'une porte lorsque vous arrivez dans un lieu et le quittez.

Si vous accédez vous-même aux Annales akashiques, je vous recommande de travailler avec votre Guide des Annales akashiques. L'harmonisation ci-dessous vous permettra de vous connecter à lui. Vous pouvez vous enregistrer en train de la formuler à voix haute ou vous rendre sur le site www.letterstoastarseed.com pour en télécharger la version guidée.

L'HARMONISATION DES ANNALES AKASHIQUES

Au cours de cette harmonisation et de ce voyage vers et depuis les Annales akashiques, votre corps est en sécurité, accompagné et ancré.

Allongez-vous ou asseyez-vous le dos droit dans la position la plus confortable. Fermez les yeux, puis invitez votre corps à entrer dans un état de guérison et de régénération profond.

Commencez par percevoir autour de lui la présence d'un cercle de lumière qui le protège et l'appelle à accéder à cet état au cours de votre voyage.

Lorsque vous ramenez vos mains vers votre cœur, imaginez qu'une fleur s'ouvre, pétale après pétale. Le cœur de cette fleur irradie une lumière éclatante, l'incarnation de votre âme – votre moi ancestral qui a voyagé de vie en vie et au-delà, et est connecté à toute Vie. Cette part de vous-même détient une sagesse dépassant les âges et connaît précisément la raison de votre présence en ce monde aujourd'hui.

Alors que je compte à rebours de cinq à un, je vous invite à entamer votre voyage à travers le portail de votre cœur vers votre Temple intérieur, point d'accès à votre guidance intérieure grâce à laquelle vous rejoindrez les Annales akashiques.

Cinq. Quatre. Trois. Franchissez le portail de votre cœur vers votre Temple intérieur.

Deux. Un. Vous vous trouvez maintenant sur les marches de votre Temple intérieur. Vous levez les yeux et êtes accueilli par votre Guide et Gardien du Temple intérieur. Vous gravissez les marches, il vous ouvre la porte et vous invite à entrer. Un fil d'or est fixé au centre de votre Temple qui mène à un escalier d'or situé à l'opposé.

*Votre Guide et Gardien du Temple intérieur vous invite à suivre ce fil d'or vers l'escalier et, ensemble, vous entamez votre ascension vers la cinquième dimension, l'*Akasha*, où réside la grande salle des Annales. Vous franchissez chaque dimension à travers le temps et l'espace jusqu'à la cinquième – l'*Akasha*, la grande bibliothèque du ciel. La bibliothèque infinie de* *l'Univers où toutes les informations du passé, du présent et du futur sont à votre disposition ; où règne le temps de Kairos, le temps intemporel, le temps de l'âme et de la sagesse.*

Lorsque vous atteignez le sommet de l'escalier, vous suivez le fil d'or jusqu'à la grande bibliothèque du ciel – les Annales akashiques. Vous gravissez les marches de ce lieu d'archives de tous les temps et de l'éternité où vous rencontrez votre Guide des Annales akashiques.

Celui-ci vous accueille et vous conduit dans la grande salle des Annales. Lorsque vous la traversez, vous remarquez la multitude d'ouvrages. Tous regorgent d'informations consignant chaque fait qui s'est produit, se produit ou se produira. Ces livres sacrés et ancestraux sont mis à jour à chaque instant – ils évoluent constamment, à mesure que la Vie est vécue et écrite, que chaque âme individuelle entre et sort de sa vie et entonne son chant unique pour un autre jour.

Votre Guide des Annales akashiques vous conduit ensuite dans une aile de la salle des Annales où repose votre livre d'âme. Vous regardez autour de vous et découvrez des milliards de livres contenant chacun les enregistrements de chaque âme ayant existé.

Il vous mène ensuite vers une étagère où il s'empare d'un livre unique, le vôtre. Le livre de votre âme. Celui qui détient toutes les informations de votre être spirituel. Vos expériences passées, présentes et futures, et tout ce qui se situe entre chaque. Toutes les vies que vous avez vécues, toutes les leçons qu'elles vous ont enseignées. Tous les dons de votre âme, votre évolution, vos triomphes, vos apprentissages – tout ce qui a jalonné votre existence.

Votre Guide des Annales akashiques vous invite maintenant à vous asseoir et à tenir votre livre d'âme entre vos mains, puis à vous imprégner de la nature ancienne de votre être en posant vos mains sur lui, à prendre un moment pour le savourer. Quelles sensations vous procurent ses pages ? Passez vos mains sur sa reliure et notez sa couleur, sa texture et sa matière. Notez chaque détail. Qu'y a-t-il d'écrit au dos ? Sur la première page ? La couverture ? Quelle est son épaisseur ?

Votre Guide vous suggère de noter son ancienneté. Conscient que vos mains et vos paumes sont des extensions de votre cœur, vous demandez au livre : « Quelles informations détiens-tu qui me soutiennent aujourd'hui et sont destinées au plus grand bien de tous ? Quel est le message le plus essentiel dont je dois me souvenir ? Comment puis-je m'engager davantage dans mon incarnation actuelle ? Qu'est-ce qui aidera mon âme à aller au bout de ma vie présente ? »

Votre Guide des Annales akashiques vous encourage ensuite à feuilleter rapidement ses pages, à noter leur texture, à les ressentir avec chacun de vos sens, à vous imprégner de cet ouvrage qui consigne votre être en tant qu'âme.

*Sachant que vous vous êtes connecté à votre livre d'âme et connaissez le chemin pour accéder à la grande bibliothèque et à la grande salle, puis à l'*Akasha*, votre Guide vous le reprend des mains et le repose sur l'étagère. Puis il vous escorte hors de la bibliothèque et vous revenez sur vos pas, traversez la salle des archives en passant devant les milliards d'ouvrages. Vous ressentez la familiarité du lieu. Votre Guide vous rappelle que vous connaissez désormais le chemin pour le rejoindre et vous* *enjoint de revenir dès que vous le souhaiterez afin d'être guidé pour le plus grand bien de tous.*

*Il vous mène ensuite à la porte de la grande bibliothèque de l'*Akasha*, au bas des marches où vous retrouvez votre Guide et Gardien du Temple intérieur. Vous suivez le fil d'or à ses côtés jusqu'à l'escalier d'or, puis descendez dans le temps et l'espace à travers les différentes dimensions jusqu'à votre espace corporel et au portail de votre cœur. Arrivé au bas de l'escalier, vous retrouvez votre Temple intérieur, suivez le fil d'or qui vous a conduit à l'*Akasha *et revenez sur vos pas.*

Désormais, vous connaissez le chemin et pourrez revenir dès que vous le souhaiterez. Votre Guide et Gardien du Temple intérieur vous conduit sur le seuil de votre Temple et referme la porte derrière vous. Tandis que je compte à rebours de cinq à un, voyagez dans votre corps à travers le portail de votre cœur jusqu'à l'espace physique dans lequel vous vous trouvez.

Cinq. Quatre. Trois. Deux. Un. Ouvrez les yeux lentement et revenez au moment présent, passez du temps de Kairos au temps de Chronos.

Si vous ressentez intensément cet appel, prenez un crayon et un cahier, et notez chaque détail qui s'est gravé en vous. Cela peut inclure des visuels, des sentiments, des murmures, des informations ou des savoirs. Peut-être souhaiterez-vous dessiner vos visions. N'oubliez pas que chaque être reçoit différemment ces données ; faites confiance à votre expérience personnelle et restez ouvert afin d'en recevoir davantage au fil du temps.

Il importe de contempler vos expériences des vies passées avec compassion en ayant conscience qu'être sur Terre peut se révéler complexe en raison de la densité de son énergie et de sa polarité.

Si vous êtes véritablement appelé à accomplir un travail de l'âme comme vous souvenir de vos vies antérieures, prenez cette tâche très au sérieux en vous assurant d'être énergétiquement en sécurité et soutenu par un praticien qualifié si vous en éprouvez le besoin.

△

NOS INCARNATIONS PASSÉES

L'âme est cette part de nous-mêmes qui existe au-delà de cette vie. Elle est notre essence, notre moi ancestral qui nous suit au fil de nos différentes existences. Chaque incarnation et les expériences qui lui sont liées font de nous l'être spirituel que nous sommes.

Vous êtes un être aux multiples facettes, plus unique que quiconque pourrait l'imaginer. L'essence qui respire à travers vous d'une vie à l'autre est infiniment précieuse et ne ressemble à rien d'existant. Chacun de nous est une expression en constante évolution et impermanente de la Vie éternelle qui se réinvente à l'infini.

Nos incarnations passées peuvent inclure des vies passées sur Terre mais aussi dans d'autres dimensions. Si les spécificités varient, la plupart des cultures et des religions du monde reconnaissent l'existence de l'âme et beaucoup croient en son incarnation sans cesse renouvelée.

Toutes les vies et toutes les expériences enrichissent l'âme. Le but de chaque incarnation est de parvenir à une incarnation complète. D'appeler de plus en plus intensément son âme.

Comme je l'explique dans le chapitre « À la rencontre de notre âme », page 57, l'âme porte des impressions karmiques qui sont des mémoires, des dons, des contrats et des expériences. *Samskara* est le mot sanskrit qui constitue la base de cette théorie karmique. Il désigne des « impressions mentales ou des souvenirs ; une impression sur l'esprit d'actes accomplis dans une existence antérieure ».

Selon diverses écoles de philosophie indienne, chaque action, expérience ou intention d'une âme imprime un *samskara* sur l'individu. Nous emportons ces empreintes ou impressions psychologiques dans notre âme d'une vie à l'autre, et nos expériences de vie les activent. Dans les anciens textes indiens, la théorie du *samskara* explique comment et pourquoi nous avons des souvenirs de vies antérieures et les effets positifs et négatifs laissés par ces souvenirs sur notre expérience actuelle.

Il est facile dans cette vie et dans ce monde de nous considérer comme bons et mauvais, comme une chose ou une autre. Avec du recul, nous pouvons toutefois avoir un aperçu de la partition que nous jouons dans le grand orchestre de la vie. Le cosmos est l'Univers organisé, mais à travers le chaos apparent du monde, de cette vie et de sa polarité, il devient aussi facile de l'oublier.

Tout comme il est facile d'oublier l'incroyable miracle de notre présence et notre appartenance constante à la création elle-même. D'oublier aussi que notre présence authentique influe sur l'issue de la Vie elle-même, que ce que nous accomplissons, ce que chacun de nous accomplit, a un impact, une répercussion, et que nous créons ensemble l'avenir de seconde en seconde.

Votre présence ici et maintenant est essentielle – non parce que vous êtes le centre du cosmos mais parce qu'à l'instar de chaque être, vous faites partie du cosmos. Vous êtes les cellules au sein des cellules, les mondes au sein des mondes, les univers au sein des univers.

TRAVAILLER AVEC LES INCARNATIONS PASSÉES DE NOTRE ÂME

De la même manière que nos expériences de vie actuelles – quotidiennes, mensuelles, annuelles – influencent la personne que nous sommes aujourd'hui et serons demain, les incarnations et les expériences de notre âme façonnent notre âme. Et l'être que nous sommes.

Voici quelques-unes des raisons susceptibles de vous amener à vous souvenir des incarnations passées de votre âme :

- Mieux comprendre votre être spirituel et la personne que vous êtes aujourd'hui.
- Faire appel aux forces, à la sagesse ou aux dons pour acquérir la confiance qui vous servira dans la mission et le voyage de votre âme dans votre vie présente.
- Gérer les leçons de vie que vous avez choisies ou les défis auxquels vous êtes actuellement confronté.
- Libérer l'énergie du passé susceptible de vous confronter à un schéma ou à l'histoire d'une âme qui vous empêche de vivre le moment présent.
- Mieux comprendre une relation karmique avec une personne, un lieu ou un système, pour l'affronter, la dépasser et être plus présent dans votre vie actuelle.

On suppose qu'avant de s'incarner, chaque âme choisit minutieusement le corps physique, le lieu, les parents et la famille les mieux adaptés à son histoire karmique, à ses défis et à ses missions (individuelles et collectives), ainsi que ses leçons de vie dont je parlerai ultérieurement dans le chapitre « Les leçons de vie », page 93.

Je pense aussi que nous signons des contrats avec d'autres âmes afin de nous aider à accomplir nos missions personnelles et collectives. Je l'ai vécu moi-même lors d'un travail de régression qui m'a conduite à cet instant précédant ma naissance où j'ai reçu mes missions d'âme personnelles et collectives (j'aborde le sujet plus en détail dans le chapitre « Pourquoi choisissons-nous de nous incarner ? », page 125).

Dans l'ensemble, beaucoup parmi nous semblent ne pas se souvenir de leurs incarnations (dans ce monde ou au-delà). Il existe toutefois de nombreux cas répertoriés d'enfants qui se rappellent avec précision les détails de leurs incarnations passées et ces informations sont avérées. Peut-être « savons-nous » lorsque nous sommes bébés et jeunes enfants ;

puis, alors que le voile du souvenir se soulève chez certains, il se referme chez d'autres.

Quoi qu'il en soit, il n'est pas rare que le processus d'éveil déclenche un afflux de souvenirs de vies antérieures. Cela a été le cas pour moi, notamment au cours de la période d'éveil intense que j'ai traversée entre 2011 et 2013.

S'il est fascinant de découvrir ces informations sur votre âme et son voyage unique, il importe de ne pas s'identifier à *son* histoire, ni de se perdre en elle ; tout comme il importe de ne pas se perdre dans son « histoire » au cours de sa vie présente, par exemple, « J'étais une reine » ou « J'ai été brûlée sur le bûcher », « J'étais cette personne célèbre », « J'étais une grande prêtresse intergalactique », « Cette personne m'a trahie ». Les vies et les expériences des vies intermédiaires appartiennent au passé (elles peuvent aussi appartenir au futur, ce qui constitue un sujet pour un autre livre !).

Si vous êtes appelé à travailler avec vos incarnations passées, de nombreux praticiens qualifiés peuvent vous accompagner ; mais comme pour tout travail de l'âme, vous devrez faire preuve de clairvoyance et agir uniquement si vous êtes guidé de l'intérieur. Selon une idée fausse commune, le travail de l'âme et de la lumière est doux et chaleureux. J'ai appris au fil de mes expériences qu'il diverge considérablement de cette réalité.

Il est impossible d'être dans la lumière sans affronter nos ombres. Loin d'être uniquement bienveillante et douce, la lumière est cruelle. Il en va de même pour la vie. Si j'en crois mon expérience, ceux dont la présence est la plus lumineuse ont eu le courage de plonger dans les profondeurs de la douleur et des extrêmes. Ils sont capables de compassion parce que leur cœur s'est ouvert et, parce qu'ils ont su le garder ouvert au gré des plus grandes tragédies de leur vie, ils s'ouvrent aussi aux joies. Ils ont été capables de réunir ces pôles sans jamais les nier ou les éviter.

Le travail profond de l'âme demande souvent de garder le cœur ouvert lorsque nous nageons dans l'ombre pour atteindre la lumière. Pour cette raison, il est crucial d'agir dans un espace guidé et accueillant. Et ce faisant, de s'assurer de créer un réceptacle sûr – énergétique et bienveillant –, essentiel pour tout travail profond de l'âme.

Si vous vous sentez appelé à vous souvenir de l'une de vos incarnations passées ou expériences de vie intermédiaires, n'hésitez pas à utiliser les activations suivantes :

LE SOUVENIR DE NOS VIES TERRESTRES

« Je suis prêt à me souvenir de toutes mes vies antérieures
susceptibles de m'aider à ne pas oublier
et destinées aujourd'hui au plus grand bien de tous. »

LE SOUVENIR DE NOS VIES NON TERRESTRES

« Je suis prêt à me souvenir de toutes les vies et expériences non terrestres
de mon âme qui sont pertinentes et utiles pour moi aujourd'hui,
mais aussi pour le plus grand bien de tous. »

LE SOUVENIR DE NOS EXPÉRIENCES VÉCUES ENTRE CES VIES

« Je suis prêt à me souvenir de toutes les expériences vécues
par mon âme entre mes incarnations qui sont utiles et pertinentes
pour moi aujourd'hui, mais aussi pour le plus grand bien de tous. »

Si vous vous sentez appelé à explorer vos vies passées en vous connectant aux Annales akashiques, vous apprécierez peut-être le voyage de l'âme de la Vie passée. Si vous souhaitez approfondir ce travail, le cours en ligne *Discover Your Cosmic Blueprint* vous offrira une formidable plongée au cœur de ces sujets grâce à des sources sur la découverte des vies passées et de l'être spirituel. Vous trouverez plus d'informations sur ces deux sujets sur www.letterstoastarseed.com

L'ENQUÊTE DE L'ÂME

Avez-vous des souvenirs de vos vies terrestres ?

Avez-vous des souvenirs de vos incarnations ailleurs que sur cette Terre ?

Avez-vous des souvenirs de vos expériences vécues entre chaque vie ?

△
LA MISSION DE L'ÂME

Lorsque je me suis formée pour la première fois aux arts mystiques intuitifs et ai commencé à partager mes créations, il est devenu clair que l'une de mes missions était de soutenir les âmes incarnées à se souvenir de la raison de leur venue sur Terre, à libérer les graines de la sagesse et à se souvenir d'elles au travers de ce travail créatif.

J'ai commencé à discerner un modèle et à comprendre que certaines âmes étaient investies de deux missions – une mission individuelle et une mission collective. En le partageant dans le chapitre « Qu'est-ce qu'un être stellaire ? », j'ai donné à ce modèle le nom de « double mission ». Peut-être ce concept résonne-t-il en vous.

Une mission d'âme relève essentiellement d'une intention ou d'une raison. Toutes les âmes incarnées sont investies d'une mission personnelle liée à leur plan d'âme individuel – cela peut être apprendre, grandir et vivre une expérience dans un corps humain. La Terre étant une planète de manifestation et de création, ces expériences font partie de leur mission individuelle. Chaque âme « naît » dotée d'une mission personnelle et d'un karma. Il n'existe pas de chemin tracé ; mais des chemins possibles qui se déroulent au fur et à mesure de la vie.

Une mission d'âme collective implique la réunion de plusieurs âmes pour atteindre un objectif commun. L'époque dans laquelle nous vivons ne ressemble à aucune autre, et de nombreuses âmes se sont incarnées pour influer sur le futur de la planète. Pour cette raison, je crois que nombre d'entre elles sont investies d'une double mission – personnelle et collective.

Je crois aussi qu'il existe de multiples missions spécifiques au sein d'une mission collective que nous sommes appelés à mener ensemble. Si vous êtes investi d'une mission collective, sachez que vous ne travaillerez jamais seul car cette mission sera toujours commune. Ce qui implique de définir votre rôle, puis de le jouer.

Il importe que les êtres stellaires se souviennent de cette information car beaucoup ont le sentiment de devoir « sauver le monde », en particulier à l'aube de leur voyage d'éveil. À mon sens, il ne s'agit pas de sauver le monde, mais l'humanité ; nous devons apprendre de nouvelles manières de nous soutenir les uns les autres, de soutenir la Terre et ses habitants. L'humanité commence avec nous. Si chacun joue son rôle dans cette mission collective, nous aurons plus de chances d'atteindre l'objectif pour lequel nous nous sommes incarnés.

Nous devons cesser de vouloir sauver autrui et nous concentrer sur un retour à l'amour, à nous-mêmes, à la Terre et aux autres.

Alors que nous vivons une époque entre les âges, beaucoup de choses sont en train d'évoluer. L'une d'elles est le passage d'une ère régie par l'esprit de compétition à la collaboration ; la transition est difficile car ce comportement ne nous est pas familier. Si vous êtes appelé à collaborer, faites de votre mieux pour guérir cette part de vous-même qui vous donne le sentiment de devoir agir seul et d'être constamment en « concurrence ». Car c'est elle qui nous sépare et nous éloigne les uns des autres. Je sais qu'il est difficile de guérir et de modifier ces anciens processus. Beaucoup se développent dans l'enfance ; ainsi, plus vous chérirez l'enfant qui est en vous, plus vos relations deviendront harmonieuses.

Au travers de mon travail, j'ai reçu des visions de personnes investies de missions d'âme collectives similaires qui avaient été soigneusement semées dans des lieux différents du monde. J'ai également rencontré des *vieilles* âmes qui aspiraient à se rapprocher de leur famille d'âmes avec laquelle elles partageaient une mission collective. J'aborde ce concept plus en détail dans le chapitre « La famille d'âmes ».

Ma famille d'âmes est répartie sur quatre continents – aucun de ses membres ne vit dans le même lieu. Parfois, cette réalité m'attriste car j'aspire à une proximité physique. Mais j'ai remarqué que nous étions chacun dotés d'une fréquence spécifique dans la partie du monde où nous nous sommes incarnés ou avons été appelés afin de créer des constellations, de semer et d'ancrer une qualité particulière à notre manière.

Vous avez été soigneusement semé dans le lieu où vous vous trouvez pour une raison spécifique. Je sais que nous avons parfois le sentiment d'être seuls au sein de notre famille, de notre communauté, de notre ville mais nous ne le sommes jamais – jamais – et moins encore lors de notre expérience de la solitude.

Le monde se réveille aujourd'hui et nous devons rester ancrés dans la Terre. Plus nous nous enracinons, plus nous ressentons la force de cet ancrage. Ce n'est pas le moment de rêver d'un ailleurs mais au contraire de semer ici ce que nous sommes venus semer. De nous rappeler que des forêts entières et des roseraies existent dans les graines de nos âmes.

Nous avons tous un rôle à jouer dans le plan divin qui ne doit pas nécessairement se jouer sur la scène mondiale pour être significatif. Le rôle d'une personne n'a pas plus de valeur que celui d'une autre. L'une peut avoir pour missions de materner son enfant et de se reparentaliser au fil du processus. Une autre de réunir des cercles de femmes, de créer une communauté et un espace sécurisé dédié à la connexion et à l'expression de tous. Aucun chemin n'est meilleur ou pire, plus ou moins essentiel qu'un autre. Nous nous sommes incarnés pour enraciner, nourrir et laisser s'épanouir cette graine que nous portons en nous.

L'ACTIVATION DES ÊTRES STELLAIRES

« Je suis prêt à me souvenir de ma mission d'âme personnelle et collective.

Je suis prêt à semer ce que je suis venu partager.

Je suis prêt à m'en remettre à mon chemin de croissance.

Je suis prêt à délaisser la rivalité pour m'engager dans la collaboration.

Je suis prêt à m'implanter ici pleinement. »

Δ

LES ORIGINES COSMIQUES

Je crois que toutes les âmes sont issues de la Source et que notre âme est influencée par ses propres expériences qui, chacune, laissent sur elle une empreinte.

Plus une âme s'incarne dans un lieu spécifique de l'Univers (par exemple, une planète, un système stellaire ou une galaxie), plus elle est influencée par cet espace et les expériences qu'elle y vit. Ainsi, plus une âme s'incarne sur Terre, plus elle se sent chez elle sur cette planète ; plus une âme s'incarne sur Andromède, plus elle possède des caractéristiques andromédiennes.

Parler de différents systèmes stellaires est abstrait, et il est sans plus explicite de se baser sur nos expériences terrestres pour l'expliquer. Imaginez une personne qui a beaucoup voyagé. Plus elle passe de temps dans une ville ou un pays, plus ce lieu impacte l'identité de son âme. La nature, le temps, la culture, les gens... tous influencent son être.

Prenons mon exemple : je suis née à Sydney, en Australie, et j'ai passé une grande partie de ma vie d'adulte au Royaume-Uni (à Londres et Glastonbury). Plus je passe du temps au Royaume-Uni, plus ce lieu affecte mon identité. Ma phase londonienne m'a impactée différemment de celle passée à Glastonbury – je parle de la terre, de la culture, des gens, de la communauté, etc. Il en va de même pour notre expérience vécue au-delà de notre incarnation actuelle – plus nous nous incarnons dans des espaces autres que la Terre, plus ces lieux s'impriment en nous et nous influencent.

Au cours de mes années passées à réaliser des lectures d'âmes, j'ai remarqué que la plupart des âmes qui s'étaient incarnées ailleurs que sur la Terre avaient connu plus d'un lieu. Et que plus elles avaient passé de temps dans des espaces distincts, plus les caractéristiques de ces lieux résonnaient en elles.

Ainsi, si une âme a vécu à Mintaka et dans les Pléiades, ces deux espaces feront écho dans son âme. Plus l'âme passe du temps dans un endroit, plus les expériences qu'elle y vit l'impacteront et plus elle s'y sentira « chez elle », aspirant même à y revenir.

Si vous vous sentez appelé à explorer les lieux où votre âme a vécu des expériences non « terrestres », il existe des sources d'informations sur les caractéristiques associées aux différents systèmes stellaires, planètes et galaxies. Vous pouvez également explorer vos propres origines cosmiques au travers de votre travail sur le voyage de l'âme et les Annales akashiques.

Je tiens toutefois à rappeler qu'il importe de ne pas utiliser ces informations pour vous dissocier de votre incarnation terrestre. Comme dans vos vies antérieures, souvenez-vous que vos origines cosmiques peuvent varier, chacune de vos expériences ayant contribué à faire de vous l'être spirituel que vous êtes aujourd'hui. Utilisez ces données pour revendiquer cet être et le semer ici et maintenant. Nous avons choisi de nous incarner sur Terre aujourd'hui, et c'est sur Terre que nous devons centrer notre attention.

Nous commençons à peine à effleurer notre ascendance céleste, et il existe d'innombrables lieux d'incarnation au-delà de cette planète. La Terre et notre galaxie n'en constituent qu'un parmi tant d'autres, connus et inconnus. Je pense qu'au cours d'une vie – la mienne et la vôtre également – nous établissons de véritables liens avec les civilisations intelligentes existant au-delà du monde terrestre. Je pense que nous semons tous des graines et créons des voies qui nous permettent de nous réunir avec les autres membres de notre famille d'âmes. Que nous vivons l'opportunité de nous considérer, de considérer le monde, l'Univers et notre place en son sein depuis une nouvelle perspective.

Les êtres stellaires savent qu'ils contiennent en eux l'Univers tout entier. Et que la fleur, la plante, la pierre et la cellule aussi.

LES MODÈLES DE L'ÂME ET LE TRAVAIL DE L'OMBRE

La Terre est une planète de polarité, et si nous sommes nombreux à nous engager dans la croissance de notre âme, beaucoup parmi nous (moi y compris, très certainement) ont connu des vies où ils ont agi pertinemment et d'autres où ils se sont « trompés », ont probablement accompli des actes dont ils auraient honte s'ils les observaient avec leur conscience actuelle. L'expérience humaine est une question d'évolution et il importe de se souvenir de son humanité lors de sa mission.

Un bon travail de l'âme n'est pas uniquement une question d'amour et de lumière. C'est un travail de fond qui oblige souvent à plonger dans des profondeurs insondables afin de découvrir la perle. De la même manière que nous développons des schémas au cours de cette vie, notre âme développe des modèles au fil de son voyage.

L'un des éléments les plus puissants des Annales akashiques est la découverte des modèles de l'âme et de ses histoires. Ceux-ci peuvent être à la fois positifs et négatifs – la lumière et l'ombre – comme dans toute vie humaine et la plupart des éléments sur cette planète. Comme la nuit et le jour, l'été et l'hiver.

Chaque personne vit des incarnations diverses et s'il est merveilleux d'explorer ses « succès les plus brillants », le travail de l'ombre offre souvent les plus grandes opportunités d'évolution et de régénération car ce sont précisément ces expériences qui maintiennent notre lien et nous amènent à répéter encore et toujours les mêmes histoires.

Découvrir ces récits de l'âme peut se révéler pertinent pour une autre raison. Dans certains cas, nous avons choisi de nous incarner ici et maintenant, dans ce corps et cette famille spécifiques, afin de briser les schémas individuels, ancestraux ou collectifs, ainsi que l'histoire de notre âme. Cette incarnation choisie peut dès lors s'avérer la configuration parfaite pour affronter cette histoire et la modifier.

Parfois, nous pouvons aussi revivre une histoire ou un modèle en particulier, y compris lorsque notre âme a entériné la leçon. En nous souvenant ou en recevant les informations sur nos vies passées, il devient possible de libérer potentiellement l'énergie et de laisser ce modèle ou cette histoire d'âme là où il appartient, à savoir au passé.

Observez tous les modèles de votre vie présente auxquels vous vous sentez prêt à renoncer. L'un d'entre eux a-t-il une date de validité ? Êtes-vous appelé à vous déconnecter de ce schéma ? Si vous le nommez, vous le revendiquez et si vous le revendiquez, vous vous réappropriez votre pouvoir, ce qui signifie que ce schéma ne vous dominera plus.

Lorsque vous reconnaissez les anciens modèles, histoires ou comportements, il importe également d'accepter qu'ils aient pu vous servir. Ainsi, un schéma de l'âme où la peur aura dicté vos actes parce que vous craigniez d'être vu ou de partager votre voix a pu vous être utile en vous protégeant.

Une fois cette notion intégrée, vous pouvez étudier les changements nécessaires pour reprogrammer ce modèle ou cette histoire. Existe-t-il des schémas répétitifs que vous semblez ne pas pouvoir modifier ? Si oui, nommez-les et si vous ressentez l'appel de votre âme, n'hésitez pas à répéter l'une des activations suivantes :

NETTOYAGE DE L'ÂME (GLOBAL)

« Je libère toutes les histoires et schémas passés de mon âme
qui ne sont plus en phase avec la personne que je suis venue être.
Je porte les leçons, la croissance et les dons mais
Je choisis de ne pas vivre la même histoire.
Puis-je être libéré à jamais. »

NETTOYAGE DE L'ÂME (CIBLÉ)

« Je libère ce modèle et cette histoire d'âme aujourd'hui.
Je porte les leçons, la croissance et les cadeaux,
Mais je choisis de ne plus vivre la même histoire.
Puis-je être libéré à jamais. »

△

LES DONS ET L'APPRENTISSAGE DE L'ÂME

Au fur et à mesure de son voyage, l'âme rassemble des expériences à travers lesquelles se dessinent ses dons. Ceux-ci sont essentiellement des compétences ou des domaines auxquels elle se consacre. Comme dans cette vie, plus nous nous concentrons sur le développement d'une aptitude ou d'une tâche, plus nous l'améliorons et la facilitons. En effet, celles qui semblent être un succès immédiat le sont rarement et il en va de même depuis la perspective de l'âme.

Artistes, poètes, sages-femmes, guérisseurs, gardiens de l'espace, mères, dirigeants, activateurs, créateurs, décodeurs, guerriers, déconstructeurs, cultivateurs... Ce dont nous avons besoin aujourd'hui est de nous souvenir des dons et des apprentissages de notre âme, de les revendiquer et de les accueillir avec des actions concrètes. Nous participons ainsi à la tapisserie de la vie et retissons notre chemin dans sa grande danse cosmique orchestrée.

Chaque âme est dotée de dons – de qualités que sa présence offre au monde. Nous naissons tous pourvus de ces qualités, et trouver la voie pour les partager procure l'un des sentiments les plus puissants qui soient. Ce partage ne doit pas nécessairement être retentissant. J'ai vu de nombreuses personnes hésiter, pensant devoir attendre une autorisation et une validation externes pour exploiter ces dons. Si vous doutez d'un savoir de votre âme, mais que celui-ci vous donne le sentiment d'être vivant, faites confiance au fil d'or de la tapisserie qui vous a conduit ici et maintenant.

Découvrir les dons de votre âme ne signifie pas que vous les maîtrisez et n'avez plus besoin de travailler, mais que votre âme s'est vouée à ces compétences qui deviennent dès lors naturelles et familières ; et qu'en vous consacrant à votre tour à elles, le temps s'étire et votre âme s'épanouit. Une fois trouvé le chemin de votre âme, dédiez vos journées à vous souvenir de ses dons et à les exploiter avec dévotion. Il importe de dire que notre âme vous appelle sans relâche et que marcher sur sa voie ne constitue pas un acte ponctuel mais un voyage évolutif constant.

Grâce au don de la créativité, votre âme vit une expérience en tant qu'artiste. Cela ne signifie pas que vous deviendrez un nouveau Monet, mais que vous vous sentirez attiré par un art spécifique, éclairé par la création, et que le temps semblera s'étirer lorsque vous créerez et travaillerez de vos mains pour enfanter la beauté ; que vous verrez aussi naturellement ce que les autres ne parviennent pas à discerner.

Lorsque vous découvrez le don qui vous donne le sentiment d'être vivant – et permet à votre âme de s'incarner plus pleinement –, consacrez-vous à lui. Chérissez-le comme un bijou précieux. Faites confiance à la force de Vie présente. Vous vous sentirez plus vivant et, en conséquence, le monde le sera également.

Jeune fille, j'étais attirée par la spiritualité et le mysticisme de nos ancêtres. À 14 ans, je lisais des livres sur la mort, l'agonie et le voyage de l'âme. Personne dans ma famille ne s'intéressait à ces sujets. Personne n'en avait même conscience et j'ai dû prendre mes distances afin de répondre à l'appel de mon âme. Il m'a fallu de nombreuses années pour acquérir la confiance nécessaire pour croire en sa réalité et m'abandonner sans réserve, notamment lorsque j'ai compris que mon âme s'était probablement entraînée et avait déjà travaillé sur les grands mystères de l'existence, sur la guérison, la création et l'écriture au fil de mes vies antérieures. Peut-être avez-vous vécu une histoire semblable.

COMMENT RECONNAÎTRE LES DONS DE L'ÂME

Souvent, les dons de l'âme se révèlent de la manière suivante :

- Ils surviennent naturellement.
- Ils nous éclairent et nous insufflent le sentiment d'être plus vivant.
- Ils nous donnent l'impression que le temps s'arrête et s'étire, et nous choisissons de les exploiter, qu'ils induisent ou non une récompense et que nous ayons ou non un « auditoire ».
- Parfois (ce n'est pas systématique), ils sont inattendus ou nous obligent à nous écarter de la voie ou de l'objectif évidents.

Selon le concept de l'« apprentissage de l'âme », l'âme se forme à de nouvelles compétences et suit un entraînement particulier entre chaque vie. Les espaces où mon âme s'est rendue entre chaque incarnation pour apprendre et recevoir une formation dans des domaines spécifiques m'ont été révélés. À vous aussi peut-être.

Personne ne sait mieux que vous quels dons et quel apprentissage sont les plus pertinents pour votre âme. N'attendez pas une autorisation – suivez le chemin invisible qui vous éclaire et vous donne le sentiment d'être pleinement vivant. Plus vous vous sentez vivant, plus le temps semble s'arrêter ; plus vous prenez conscience que votre âme est présente, ici et à cette fin.

Vous êtes entré dans cette vie avec un dessein et des dons spirituels que vous avez développés au fil de vos différentes vies. Ils sont cette part de vous qui aspire à être vue et est prête à éclore. Si le chemin qui vous appelle vous confère un sentiment d'improvisation ou vous intimide, peut-être vous êtes-vous entraîné pendant des vies entières pour l'emprunter à ce moment précis. Vous incarnez bien plus que votre vie actuelle. Vous incarnez toutes les vies et toutes les expériences qui vous ont précédé. Toutes vous ont façonné – et continuent de le faire –, dessinant la personne que vous êtes aujourd'hui.

L'ACTIVATION DES ÊTRES STELLAIRES

« J'appelle les dons et les apprentissages de l'âme
que j'ai reçus au fil de mes différentes vies.
Je suis prêt à les exploiter aujourd'hui, sans hésitation ni crainte.

Je me suis entraîné à cette fin au fil de mes incarnations. »

L'ENQUÊTE DE L'ÂME

Qu'est-ce qui donne vie à votre âme ?

Qu'est-ce qui arrête le temps pour vous ?

Qu'est-ce qui a invité votre âme à s'incarner ici ?

Si vous deviez deviner les dons de votre âme, quels seraient-ils ?

Qu'est-ce que votre âme vous appelle à approfondir aujourd'hui ?

Où votre âme vous appelle-t-elle à vous engager plus pleinement ?

△

LES LEÇONS DE VIE

Si vous considérez la vie sur Terre comme une « école pour l'âme », les leçons qui vous sont inculquées sont le programme auquel vous souscrivez. Tout comme notre voyage au fil de la vie n'est pas linéaire, ses leçons ne constituent pas des classes uniques mais plutôt des thèmes que nous choisissons d'étudier afin d'approfondir notre expérience au gré de sa spirale.

La Terre est une excellente initiation pour l'âme – l'opportunité de connaître notre être spirituel incarné dans un corps physique et distinct. Elle est aussi une planète de polarité. Je considère les leçons de vie comme le programme auquel nous adhérons, les thèmes que nous décidons de vivre. Pour cette raison, elles n'impliquent pas seulement que nous fassions les bons choix ou cochions une liste une fois que nous les avons apprises, mais que nous les vivions depuis toutes les perspectives, dans leur polarité tout entière.

Chaque année, vos acquis s'enrichissent. Ainsi, si l'une de vos leçons de vie concerne la communication claire, elle ne vous apprendra pas uniquement à travailler sur votre capacité à communiquer distinctement mais aussi sur la transparence et l'absence de transparence dans la communication. Afin que vous sachiez donner et recevoir dans vos échanges, et puissiez vivre le thème de la communication claire sous tous ses angles lors de votre progression dans la spirale de la vie.

Pour cette raison, il importe pour notre tranquillité d'esprit et notre bien-être de faire de notre mieux pour ne pas considérer les moments difficiles ou d'apprentissage intense comme une « erreur » ou un échec. Du point de vue de l'âme, aucune expérience n'est inutile dès lors qu'elle est envisagée comme une opportunité d'évolution de l'âme et d'enrichissement de son incarnation.

Lorsque vous, ou l'un de vos amis, vivez un moment difficile, il est réconfortant de le considérer depuis cette perspective car cela permet de vous, ou de lui, rappeler qu'en cet instant, votre/son âme est très probablement en train de s'épanouir. Ce qui constitue sans aucun doute l'une des raisons majeures de votre présence sur Terre. Si vous éprouvez des difficultés, une frustration ou souffrez, sachez que vous n'êtes pas seul dans ce cas. Et que grandir (au travers des contractions de la vie, puis de son évolution) est l'essentiel.

L'ENQUÊTE DE L'ÂME

Revisitez votre vie et vos différentes expériences.
Quelles ont été les plus riches à ce jour ?

Quels ont été les principaux thèmes de votre vie ?

Y a-t-il un domaine particulier que vous estimez difficile aujourd'hui ?

Si vous considérez les situations d'un point de vue spirituel,
que ce défi vous apprend-il ?

△

LES CONTRATS DE L'ÂME ET LA CROISÉE DES CHEMINS

Les contrats de l'âme sont des arrangements prédéterminés fixés entre deux ou plusieurs âmes dans le but d'accomplir une mission – qui peuvent parfois se poursuivre d'une vie à l'autre et se concluent généralement entre des âmes partageant un vécu et une correspondance karmiques.

Soutien mutuel dans des missions personnelles ou collectives, ces contrats sont aussi un moyen de trouver des solutions sur le plan karmique. Une fois le contrat scellé, une flamme se réveille au sein des deux parties. Comme pour chaque chose en ce monde, le libre arbitre gouverne et ce contrat exige un choix conscient.

Lors de l'organisation des détails de notre incarnation, il est courant que nous concluions des contrats avec les âmes avec lesquelles nous nous incarnerons. Ces accords concernent deux ou plusieurs âmes et peuvent se fonder sur un lien karmique issu d'incarnations antérieures ; ils peuvent avoir un effet mutuellement bénéfique – parce qu'ils soutiennent les deux âmes dans leurs leçons de vie ou leurs missions ; ou se fondent sur le lien qui les unit – par exemple, vous choisissez d'accompagner un membre de votre famille d'âmes dans sa mission en jouant un rôle de soutien.

Les contrats d'âme sont aussi divers que les leçons de vie. Ils peuvent concerner deux âmes, plusieurs âmes ou des groupes d'âmes. Un exemple pourrait être celui qui lie un enseignant et un étudiant ; d'autres contrats peuvent exister au sein de cette relation susceptible d'aider l'étudiant à trouver sa voie et à accepter sa mission d'âme personnelle et collective, mais aussi à grandir au travers d'expériences positives ou complexes.

D'autres contrats de l'âme peuvent exister entre amis ou membres d'une même famille, collègues ou voisins. Vous pouvez naître dans une famille incapable de dépasser une certaine façon d'être et avoir conclu un accord avec ses membres pour leur enseigner comment surmonter leur blocage. Au travers de ce défi, vous affûtez les dons de votre âme – peut-être sont-ils l'initiation nécessaire pour que vous preniez conscience de votre mission et l'entrepreniez.

Un contrat d'âme entre un large groupe de personnes peut être destiné à modifier un système nécessitant la réunion de nombreux acteurs qui jouent chacun leur rôle.

Les relations constituent l'un des éléments les plus surprenants et complexes de l'expérience humaine et s'avèrent en conséquence la meilleure opportunité d'évolution.

Si vous ouvrez votre cœur, vous ne pouvez pas éviter les hauts et les bas inhérents à l'univers relationnel. Je suis pour ma part convaincue qu'il est impossible de traverser la vie sans affronter des difficultés au sein de ses relations. Et parce qu'elles sont le moyen le plus pertinent d'évoluer, elles ne sont pas destinées à s'écouler tel un long fleuve tranquille. Les personnes les plus proches de vous, et potentiellement les mieux connectées depuis la perspective de l'âme, peuvent être les plus blessantes. Or les moments les plus douloureux sont aussi les plus grands enseignants.

Vous avez toujours la possibilité de vous interroger : « Comment puis-je grandir et apprendre davantage au travers de la douleur ? Comment puis-je accepter que cette douleur me forge et ouvrir davantage mon cœur à l'amour ? » La vie sur Terre est source de douleur. Mais elle est aussi merveilleuse. Elle est un fascinant voyage !

L'ENQUÊTE DE L'ÂME

Observez la chronologie de votre vie.
Qui vous a le plus influencé ?

Avec qui pensez-vous avoir signé un contrat de l'âme ?

Selon vous, en quoi a consisté et pourrait consister cet accord ?

LA FAMILLE D'ÂMES

Notre famille d'âmes se compose des âmes avec lesquelles nous nous sommes incarnés à différentes reprises. Ses membres se soutiennent dans l'accomplissement de leurs missions (personnelles, collectives ou les deux) en jouant un rôle spécifique dans leur vie. Les relations avec les membres de notre famille d'âmes peuvent durer toute une vie (par exemple, celle qui nous unit à une mère, un frère ou une sœur, un conjoint ou un ami) ou la traverser furtivement (une relation amoureuse ou une amitié éphémère).

La rencontre fortuite avec un membre de votre famille d'âmes peut modifier fondamentalement la trajectoire de votre vie – induire une évolution intense ou simplement vous offrir un soutien à un moment crucial du voyage de votre âme. Les relations avec ses membres s'organisent avant votre incarnation.

Vous éprouverez probablement avec ces âmes un sentiment de reconnaissance immédiat qui peut parfois vous freiner – alors que vous tentez de vous souvenir – et vous donner une sensation de déjà-vu. Les membres de votre famille d'âmes peuvent vous sembler incroyablement familiers et les côtoyer vous insuffle un sentiment d'appartenance. Ils peuvent aussi vous mettre mal à l'aise sans aucune raison logique. Tout dépend de l'histoire que vous avez partagée.

Rencontrer un membre de votre famille d'âmes soutient généralement votre évolution en tant qu'être humain et en tant qu'âme et vous aide à vous situer.

J'ai vécu des expériences saisissantes lorsque j'ai reconnu un membre de ma famille d'âmes et été reconnue par lui. La première fois, j'étais adolescente. Nous avons ressenti tous deux un lien indescriptible et immédiat – même si cette personne avait trois fois mon âge – et cette rencontre a initié mon chemin spirituel et mon travail actuel. Il était difficile d'appréhender cette relation à l'époque en raison de notre différence d'âge. Mais avec le recul et en m'appuyant sur la chronologie de ma vie, je sais aujourd'hui combien cette croisée des chemins a transformé mon existence.

LES DIFFÉRENTS RÔLES DE LA FAMILLE D'ÂMES

Certains membres de notre famille d'âmes peuvent être des soutiens, des liens aimants et positifs, d'autres, s'avérer plus complexes – en nous précipitant dans des processus de guérison et d'apprentissage intenses. Souvent, ils sont les deux simultanément. Vous trouverez ci-dessous quelques-uns des nombreux rôles qu'ils sont susceptibles d'interpréter. Bien sûr, ils peuvent en endosser plusieurs mais, généralement, l'un d'eux se démarque au point de reléguer les autres au rang de rôles secondaires.

Le professeur

Le professeur joue un rôle majeur et peut agir comme enseignant, guide, mentor ou gardien d'une lignée à laquelle notre âme ou nos ancêtres sont connectés.

Il peut aussi être un ami avisé vers lequel nous savons pouvoir nous tourner afin d'obtenir un conseil ou un soutien pour résoudre un problème, une personne qui nous enrichit au travers de la relation – nos partenaires amoureux présents ou passés jouent souvent ce rôle dans nos vies car les relations amoureuses sont souvent des miroirs propres à nous faire des révélations sur nous-mêmes, nos facettes obscures, nos blessures, et à nous enseigner comment grandir.

Le guérisseur

Le guérisseur entre souvent dans nos vies lorsque nous avons touché le fond ou atteignons une étape spécifique dans leur évolution. Sa présence nous aide à nous présenter devant les portes de la transformation, puis à les franchir. Son énergie peut nous dynamiser ou évoquer un amour constant et inconditionnel. Se connecter à lui nous aide à nous sentir en sécurité, protégés et pris en charge, quoi que nous vivions. Si notre vie est sombre, il peut devenir notre phare – nous guider vers le rivage alors que nous naviguons sur des eaux agitées. Le guérisseur nous rappelle notre plénitude, notre potentiel et notre force.

Le catalyseur

Le catalyseur entre dans nos vies pour l'« ébranler », de sorte qu'il apparaît (ou réapparaît) souvent lorsque nous sommes prisonniers d'une ornière, avides de changement ou prêts à vivre une nouvelle aventure. Il a aussi pour habitude de surgir lorsque nous empruntons un chemin devenu inutile et avons besoin d'être « réveillés ». Il met en lumière un changement que notre âme nous appelle à accomplir. Le catalyseur n'est généralement pas un compagnon ou un ami pour la vie mais la traverse, la bouleverse pendant une période spécifique avant de s'effacer.

Il nous aide à considérer les situations depuis un nouvel angle en nous encourageant à nous poser de nouvelles questions. Que voulons-nous réellement ? Pourquoi sommes-nous ici ? Que pensons-nous de la situation actuelle ? Sa présence peut être ludique, excitante et exaltante mais aussi parfois frustrante et émotionnellement douloureuse, car il n'est pas nécessairement le plus fiable ! Ce type de relation relève souvent d'un accord conclu avec un membre de notre famille d'âmes destiné à nous aider à maintenir notre cap et à poursuivre notre évolution. La relation n'est pas toujours facile mais elle nous bouscule pour nous améliorer.

Le compagnon

La relation avec un compagnon est celle d'une vie entière ou tout au moins sur le long terme. Rencontrer la personne qui joue ce rôle dans notre vie revient à plonger dans son âme. Le compagnon nous donne le sentiment d'être profondément aimés et appréciés tout en étant simplement nous-mêmes. Nous nous reconnaissons et le seul fait de savoir qu'il est notre ami renforce notre sentiment de sécurité – nous nous considérons tous les deux comme un « roc ».

Il s'agit d'un lien très spécial et trouver notre compagnon rend la séparation complexe. Peu importe l'étape de notre vie où il apparaît, il est probable qu'il deviendra notre meilleur ami et parfois même notre conjoint.

L'ami de la croissance de l'âme

Cet ami particulier joue un rôle légèrement distinct du compagnon. Il est celui avec lequel nous nous connectons lorsque notre âme grandit. « Complice spirituel », il a tendance à suivre une trajectoire évolutive de l'âme similaire à la nôtre. Parfois, nous constatons qu'il vit des situations spécifiques au même moment que nous ou que nous avons déjà vécu les siennes.

L'ami de la croissance de l'âme est un soutien pour notre évolution – la personne que nous appelons lorsque nous traversons une phase évolutive, qui nous « comprend » mieux que quiconque, nous rappelle qui nous sommes, nous aide à rester connectés à notre route, à notre évolution et à notre raison d'être sur Terre. Il rend également notre voyage moins solitaire et plus ludique.

Le challenger

Alors que le catalyseur contribue à notre évolution en modifiant les situations par son action et en nous invitant à une quête, le challenger est là pour nous défier. Il réveille des émotions et nous offre une formidable opportunité d'évolution si nous prêtons attention aux réactions émotionnelles qu'il suscite. Il nous appelle à rester vigilants, à améliorer notre jeu ; ce lien peut parfois s'avérer douloureux car il nous amène à douter, à nous remettre en question, voire à nous sentir invisibles et incompris. Mais une fois encore, cette relation – qui peut résulter d'un contrat conclu avant notre venue sur Terre – est souvent source d'évolution et d'apprentissage majeurs.

Le guide

Le guide est le leader qui enseigne par l'exemple. Il est notre guide et nous ouvre la voie. Il peut s'agir d'une personne qui emprunte le chemin le moins fréquenté, brise le moule ou agit la première, nous révélant ainsi ce qui est possible. Son rôle est essentiel car il propose un plan pour répondre affirmativement à l'appel de notre âme.

Nous n'avons pas besoin de connaître personnellement une personne pour qu'elle endosse ce rôle – ce peut être un ami, un membre de notre famille ou un collègue, une personne publique que nous admirons et dont nous tirons un enseignement. Il est probablement un membre de notre famille stellaire et il est tout aussi probable – puisque nous nous sommes engagés sur le chemin de notre âme – que nous soyons également un guide pour les autres.

L'ENQUÊTE DE L'ÂME

Selon vous, quelles personnes dans votre vie
pourraient appartenir à votre famille d'âmes ?

Quel rôle ont-elles joué dans votre vie
et quel rôle avez-vous joué dans la leur ?

Comment leur présence a-t-elle influencé votre évolution ?

△

LA FAMILLE STELLAIRE ET LES ALLIANCES D'ÂMES

J'ai découvert grâce à mon travail qu'avant d'exister individuellement, de nombreuses âmes, sinon toutes, ont existé dans ce que j'appellerai une alliance d'âmes. À un moment donné au cours de nos « vies », nous nous sommes séparés pour vivre nos expériences individuelles et les âmes qui font partie de notre alliance d'âmes appartiennent à notre famille stellaire. Si nous remontons suffisamment loin dans le temps, peut-être sommes-nous tous membres de cette alliance, nos âmes étant issues de la même pulsion de Vie.

Du point de vue de l'âme, les membres de votre famille stellaire sont taillés dans le même tissu cosmique que vous. Lorsque vous les rencontrez, vous ressentez avec eux un lien profond au cœur même de votre être. À leurs côtés, le temps semble à la fois passer vite et s'étirer ; vous vous sentez davantage vous-même qu'avec n'importe quelle autre personne.

Vous savez qu'une personne fait partie de votre famille stellaire lorsque vous avez le sentiment face à elle de vous « regarder dans un miroir » – d'une certaine manière, c'est précisément ce que vous faites. Je ne parle pas de ressemblance, mais d'une fréquence ou d'une qualité de l'âme ressentie lorsque vous la regardez dans les yeux et éprouvez aussitôt un sentiment de familiarité et d'aisance.

Rencontrer un membre de sa famille stellaire attise en soi un feu inextinguible. Il nourrit par sa seule présence les graines du souvenir qui commencent alors à s'épanouir et à respirer au travers de leur coque protectrice.

Les membres de votre famille stellaire partagent une mission collective similaire à la vôtre, comme semer une fréquence ou une qualité spécifique sur Terre. Cela ne signifie pas que chacun joue le même rôle, même s'il semble identique ; il est en revanche probable que votre mission s'accomplira conjointement à la leur afin de tisser une fréquence distinctive en ce monde.

Vous travaillez ensemble, même inconsciemment. Pour cette raison, vous ne rivalisez jamais. Tout progrès vécu par l'un des membres de votre famille stellaire peut être ressenti par tous. Si l'un partage sa voix unique, tous l'entendent.

Certains membres de votre famille d'âmes peuvent également appartenir à votre famille stellaire. Il est commun pour les membres d'une famille stellaire de s'incarner simultanément afin de travailler avec des énergies semblables.

**Afin d'aider les membres de votre famille stellaire,
vous vous écartez souvent de votre route
avec la certitude instinctive que ce soutien
fait partie de votre cheminement.**

J'ai appris que, sur Terre, les membres d'une famille stellaire s'incarnent dans des lieux spécifiques afin de former une constellation d'énergie destinée à semer ce qu'ils sont venus semer. Il n'est pas rare qu'ils aspirent à une proximité physique ; mais quoi qu'il arrive, un réseau cosmique se crée à travers les tissages physiques du lieu où ils se sont incarnés.

Souvent, ce réseau coïncide avec la grille cristalline de la Terre, chaque membre d'une famille stellaire ensemençant ses codes distinctifs dans le lieu où il a été appelé. Vous pouvez vous lier énergétiquement avec vos « pairs » sans les rencontrer. Ou peut-être aurez-vous la chance de les avoir déjà croisés et de vous connecter à eux grâce à la technologie moderne.

Se lier à sa famille stellaire est profondément réconfortant et permet de se rappeler plus facilement qui l'on est en réalité. D'après mon expérience, la meilleure façon de l'appeler est d'accueillir sans réserve notre être spirituel et de révéler courageusement au monde notre nature véritable. Les membres de notre famille taillés dans le même tissu cosmique que nous peuvent alors discerner notre âme et reconnaître notre éclat.

Passer du temps avec ses membres a la douceur du nectar qui, lorsque vous le savourez, vous rappelle qui vous êtes. Tous partagent une essence d'âme similaire à la vôtre. Vous en rencontrerez certains physiquement, d'autres non ; mais vous sentirez leur présence et celle-ci vous procurera un réconfort. Parfois, vous les reconnaîtrez sans les avoir jamais vus – il peut s'agir d'acteurs, d'artistes ou de personnes publiques dotés d'une fréquence similaire à la vôtre.

Lorsqu'un membre de votre famille stellaire meurt, il est très probable que vous le ressentiez profondément, peu importe que vous le connaissiez depuis longtemps ou que vous l'ayez rencontré. Un deuil ou une rupture de l'âme se produit alors, permettant à chacun de ses membres de recueillir les qualités du « disparu ».

Nous parlons ici de transmission ; peut-être l'avez-vous vécue lorsqu'un membre de votre famille stellaire a rendu son dernier souffle. Je l'ai expérimentée avec certaines personnes qui faisaient partie de mon cercle intime, une à laquelle j'étais liée personnellement et une autre que je n'avais jamais rencontrée mais dont le travail m'avait profondément inspiré.

COMMENT RECONNAÎTRE UN MEMBRE DE SA FAMILLE STELLAIRE

Une personne appartient probablement à votre famille stellaire lorsque :

- Vous partagez une même qualité énergétique.
- Elle vous donne le sentiment d'être « chez vous » sans induire la moindre codépendance.
- Vous partagez une mission similaire.
- Vous avez le sentiment de la connaître et vous souvenez d'elle dès le moment où vous la rencontrez.

- Vous la reconnaissez immédiatement, vous sentez à l'aise avec elle et ne rivalisez jamais.
- Le temps semble à la fois s'écouler rapidement et s'étirer en sa présence.
- Elle vous donne le sentiment d'être compris ; comme si elle lisait en vous.
- Elle vous aide à élargir votre perspective.
- Vous vous sentez davantage vous-même en sa présence qu'avec n'importe quelle autre personne.
- Votre lien vous nourrit comme aucun autre.
- Vous avez le sentiment d'appartenir à la même équipe et qu'un lien inconnu vous unit, même sans proximité physique.
- Vous pouvez ressentir son évolution et inversement.

Si j'ai entendu dès mon plus jeune âge l'appel m'incitant à exercer le métier que j'exerce aujourd'hui, j'ai passé une grande partie de ma vie dans un placard spirituel et dans la « clandestinité » en raison d'une peur profonde d'exprimer ma voix. Ce n'est qu'en découvrant une photo de deux membres de ma famille stellaire réunis (que je n'avais jamais rencontrés) que j'ai compris qu'il était temps pour moi de répondre enfin à l'appel de mon âme. Leur présence a réveillé en moi un souvenir que je ne pouvais plus me permettre d'ignorer. Le jour où j'ai signé mon premier contrat d'édition, nous étions connectés. En quelques mois, plusieurs autres membres de ma famille stellaire sont apparus dans ma vie car je m'étais rendue visible, m'offrant ainsi la plus belle récompense pour avoir eu le courage d'accomplir une action qui m'avait tant effrayée jusqu'alors.

Avez-vous envie d'appeler votre famille stellaire et équipe de soutien ? Ces personnes qui vous comprennent sur le plan spirituel. Qui sont la famille que vous choisissez ? Qui, comme vous, peuvent sembler singulières ? Peut-être vous recherchent-elles elles aussi.

ACTIVATION DE SA FAMILLE STELLAIRE

« J'appelle ma famille stellaire.

Les êtres qui se sont incarnés pour semer la même fréquence que la mienne.

J'appelle ma famille stellaire.

Les êtres auxquels je suis connecté le plus profondément.

J'appelle ma famille stellaire.

Les êtres qui sont issus des mêmes espaces sacrés que moi.

J'appelle ma famille stellaire.

Les êtres qui partagent ma mission collective.

J'appelle ma famille stellaire.

Les êtres qui me reconnaissent.

J'appelle ma famille stellaire.

Les êtres qui me dynamisent par leur seule présence.

J'appelle ma famille stellaire.

Les êtres que je dynamise par ma seule présence.

J'appelle ma famille stellaire et sème plus encore
ma véritable nature ici et maintenant.

Il en va ainsi. »

LA PERTE D'ÂME

Nos traumatismes et nos expériences difficiles peuvent induire ce que l'on appelle une perte d'âme. Celle-ci survient lorsqu'une part de notre être estime trop douloureux d'être pleinement présente. Elle est une façon pour notre âme d'affronter les phases traumatisantes – en se dissociant de nos expériences en cours. Propre à chaque individu, elle se produit au cours de cette vie mais aussi de vies antérieures.

Lorsqu'une personne subit une perte d'âme, elle peut avoir le sentiment de ne plus être « entière », qu'une part de son être lui a échappé. Il est possible de rappeler cette part égarée de soi-même par l'intention. De nombreux chamans et guérisseurs travaillent sur la perte d'âme, mais vous pouvez agir seul. Aujourd'hui plus que jamais, nous devons appeler nos âmes perdues à réintégrer nos corps, à être présentes dans nos vies et à s'incarner pleinement. Ainsi, nous réaffirmons qui nous sommes, personnifions notre pouvoir, notre vie s'épanouit et nous nous sentons plus que jamais nous-mêmes.

Lorsque nous subissons une perte ou un chagrin, la souffrance nous brise, ouvrant un espace au cœur de notre moi humain et de notre vie pour qu'ils rejoignent notre âme. Parfois, nous éprouvons une perte si profonde qu'elle touche un fil karmique au cœur même de notre âme. Cette rupture karmique est comparable à un déchirement. Lorsqu'elle a lieu, notre moi humain, mais aussi notre âme, se fissure. La rationalité n'existe plus.

Il est toutefois possible de réparer ce fil karmique – rompu par une blessure ou un souvenir transmis par l'âme depuis nos vies passées. Ces leçons sont les plus douloureuses et les plus sombres. Mais si nous les accueillons et trouvons le courage d'affronter nos ténèbres, d'accueillir notre hiver intérieur, nous pouvons guérir au plus profond de notre être. Cette part de notre âme brisée est alors parée de fils d'or.

Rappelez en vous chaque facette de votre âme en répétant trois fois à voix haute l'invocation suivante. Si vous souhaitez intensifier l'appel, vous pouvez la répéter quotidiennement – aussi souvent que vous le désirez – pendant cent huit jours. Allumez une bougie et dites :

INVOCATION DE LA PERTE D'ÂME

J'appelle toutes les parts de mon âme à revenir en moi.

J'appelle toutes les parts de mon âme à revenir en moi.

J'appelle toutes les parts de mon âme à revenir en moi.

Merci, merci, merci.

△

L'INTELLIGENCE DE L'UNIVERS VIBRE EN NOUS

Une force mystérieuse gouverne toute vie. Une intelligence qui souffle aux fleurs quand fleurir, et aux marées et aux saisons quand naître et mourir. Cette intelligence vit également en nous. Elle était là avant notre premier souffle et continuera d'exister après le dernier. Elle est cette part de nous-mêmes qui dictait à nos cellules ce qu'elles devaient faire lorsque nous étions dans le ventre de notre mère et attend aujourd'hui d'être activée.

Il est plus difficile de résister à cette force intelligente que de s'y soumettre. Elle existe dans chaque fleur et chaque arbre. C'est elle qui murmure à la rose d'abandonner ses pétales à la terre et à la fleur de la passion de se transformer en fruit. Aujourd'hui, nous avons oublié que cette intelligence vibre en nous. Après avoir enterré la Déesse, nous avons privilégié le masculin en nous concentrant sur la gloire de l'esprit logique plutôt que sur la magie du mystère. Si nous voulons réussir la transition entre les anciens temps et les nouveaux, nous devons retrouver le chemin du mystère semé en toutes choses.

Nous vivons dans des corps distincts mais appartenons tous à la Terre qui est elle-même une planète distincte appartenant à un univers en constante expansion. Très souvent, nous sommes déconnectés du souvenir de cette intelligence mystérieuse et oublions que le pouls de la Vie bat en chacun de nous car nous sommes, en cet instant, l'incarnation de la Vie. Nous pouvons nous sentir isolés et contraints de tout comprendre par nous-mêmes – en nous fiant uniquement à nos forces individuelles. Dès lors, nous nous coupons de la Vie elle-même. L'harmonie, en nous et autour de nous, se délite.

Vous êtes appelé à vous souvenir de l'intelligence qui vit dans chacune de vos cellules. N'oubliez jamais que vous êtes l'enfant précieux d'un univers aimant en perpétuelle évolution, que vous avez accès à l'intelligence – à la sagesse, à la force, au flux et aux qualités qui ont existé, existent ou existeront. Et que si les fleurs savent précisément quand et comment s'épanouir, vous aussi.

L'ENQUÊTE DE L'ÂME

Comment vous abandonner plus intensément au flux intelligent de la vie ?

Qu'est-ce qui est prêt à s'épanouir en vous ?

△

EMBRASSER NOTRE HUMANITÉ

Personne n'est à l'abri des joies et des douleurs de l'existence. La Terre est une planète de polarité et être humain représente parfois un défi.

Alors que les joies sur cette planète nous ouvrent à un état de pure béatitude, les douleurs nous précipitent dans un état de déconnexion et d'agonie. Si nous l'autorisons, notre cœur grandit et se renforce au travers des joies et des douleurs. Si nous acceptons qu'il accueille la douleur, notre capacité à ressentir la joie sera encore plus vive. Nous sommes ici pour grandir au travers des bonheurs et des peines. La nature nous dévoile comment ne pas faire de distinction entre la naissance et la mort, l'été et l'hiver, le printemps et l'automne. Tous sont nécessaires à l'accomplissement de l'être humain.

Nous aurons beau essayer, nous ne pourrons pas avoir recours à la spiritualité ou à notre intuition pour éviter la douleur ou connaître éternellement la joie. Nous sommes ici pour vivre les antagonismes de l'existence. Le défi est de faire notre possible pour tous les accueillir dans notre cœur. C'est ce que signifie être un humain.

L'ENQUÊTE DE L'ÂME

Comment résistez-vous à votre humanité ?

Les codes des graines

Les graines doivent être enfouies dans l'obscurité
avant de pouvoir s'épanouir dans la lumière.

Les graines ne peuvent éclore sans embrasser au préalable
le vide fertile du sol hivernal.

Les graines ne peuvent fleurir sans s'affranchir au préalable
des barrières protectrices de leur bourgeon.

Les graines ne peuvent donner des fruits sans avoir libéré au préalable
leur magnificence sur la Terre et lui avoir abandonné
ce qui a tant séduit les autres chez eux.

Les graines savent précisément ce qu'elles doivent accomplir
et détiennent le potentiel de forêts entières et de roseraies.

Les graines possèdent un timing intelligent
connecté à l'intelligence du cosmos tout entier.

Nous sommes tous des graines, des futures forêts
et des jardins potentiels.

Chacun de nous détient les codes d'une nouvelle humanité.
Le changement est notre état naturel.

△

LE CHANT DES GRAINES ANCESTRALES

Les anciens étaient beaucoup mieux informés que nous sur le lien qui nous unit aux étoiles. Des pyramides, temples et autres lieux de culte érigés dans un alignement parfait avec les astres existent aux quatre coins du monde. Faites confiance à ce qui a été semé sur la Terre de nos ancêtres. Écoutez le chant de vos ancêtres qui vous appellent à ouvrir la voie à une nouvelle humanité.

Plongez dans votre savoir ancestral. Assumez les souvenirs des Ancêtres des Étoiles. Écoutez avec votre cœur et votre âme d'autrefois. Pensez avec cette part de votre être qui se souvient et sait. Tous les secrets d'antan sont murmurés à votre oreille. Tous les savoirs mystiques fleurissent dans votre cœur. Toutes les forces s'écoulent dans vos veines. Les arbres savent, les rochers se souviennent, l'eau retient, le sol partage ses secrets. La Terre est constituée d'étoiles, à l'instar de nos corps.

Le contexte mondial actuel semble parfois désespéré et peut induire en nous un sentiment d'impuissance. Un vœu pieux ne constitue pas la réponse. L'amour et la lumière seuls ne constituent pas la réponse. L'amour et la lumière ne peuvent être semés et incarnés sans que nous ayons reconnu au préalable ce qui a été rompu. La guérison, l'incarnation sont impossibles sans que nous ayons accepté au préalable cette réalité.

L'heure de l'action créatrice a sonné. Plutôt que de nous soumettre à ce qui est, nous devons prendre des mesures contrôlées et concrètes pour insuffler le changement, creuser afin de découvrir le nouveau chemin qui nous mènera vers l'autre.

Nous sommes les rêveurs que nous souhaitons être, mais rêver seul est infructueux. Nous sommes les leaders que nous souhaitons être, mais diriger seul ne fonctionne pas. Nous devons nous souvenir des lois de la Terre, physiques, en agissant sur les rêves pour qu'ils se réalisent. Afin de renouer les fils brisés.

Puissiez-vous, puissions-nous tous faire confiance aux graines de rêves qui ont été semées en nous.

Puissiez-vous, puissions-nous tous agir sur ces graines de rêves par une action concrète.

Puissiez-vous, puissions-nous tous semer nos rêves pour guérir l'humanité.

Puissiez-vous, puissions-nous tous agir sur eux chaque jour.

Tendez la main aux autres. Agissez concrètement. Soyez audacieux.

Ouvrez-vous à la renaissance.

△

La renaissance

Les veines telles des rivières
Le souffle tel le vent
Le sang telles les marées
Les larmes tel l'océan
Le cœur battant au rythme du tambour de la Mère
Les anciennes explosions stellaires dans chaque cellule

La fleur sait
Les pierres aussi
Vous souviendrez-vous ?
Vous n'avez jamais été parfait

Vous
n'avez
jamais
échoué

Vous renaissez

Le ciel s'embellit.
La lumière est semée dans la matière.
Et
se déploie
à
jamais.

JE ME SOUVIENS

Pourquoi sommes-nous sur Terre ?

△

IL Y A FORCÉMENT PLUS

À un moment au cours de leur vie terrestre, les êtres stellaires s'éveillent et prennent conscience d'un « plus ». Sans doute parce qu'ils ont compris que nous détenons en nous l'Univers tout entier. Peut-être est-ce la mémoire d'une existence différente de celle d'aujourd'hui. Peut-être ce souvenir est-il profondément ancré en eux et la raison précise de leur venue sur Terre – afin de participer à ce travail de mémoire, à la conception d'une autre voie ; construire le pont vers une nouvelle façon d'être. La Déesse sait qu'aujourd'hui plus que jamais, cette autre voie est essentielle.

Ceux qui s'éveillent soudainement peuvent se poser la question : « À quoi bon ? » Ceux qui ne s'interrogent pas peuvent considérer ce questionnement comme un problème fondé sur une incapacité à se taire, à s'intégrer et à faire ce que l'on nous dit de faire. Mais peut-être le questionneur n'a-t-il aucun problème. Peut-être le problème vient-il de notre société qui appelle un changement.

Enfants, nous nous posons naturellement des questions, puis au fil de la route, nous apprenons à accepter les certitudes, à éteindre notre esprit vagabond et rêveur, puis à le « ranger » dans une boîte afin de l'intégrer au monde existant. Dans notre tentative de contrôle, nous cessons de vivre la question pour nous focaliser sur la réponse que nous connaissons avec certitude.

Or vivre la question permet de découvrir notre flux et est le seul moyen de rester fidèle à notre véritable nature car la nature est impermanente, en constante évolution, et *nous* sommes la nature. Vivre la question revient à suivre la piste invisible sur laquelle nous conduit notre âme. Peut-être les questions n'ont-elles jamais été censées recevoir des réponses noires ou blanches ; peut-être sont-elles censées être vécues. Vivre une question ne consiste pas à trouver la réponse.

Si votre « réveil » survient au milieu de votre vie, que vous êtes incapable de maintenir un équilibre entre vos choix, de vivre encore et toujours le même jour, peut-être êtes-vous venu ouvrir une nouvelle voie, puis construire un nouveau pont, pierre par pierre, au fur et à mesure de votre évolution, remettre en question ce qui ne l'a pas été jusqu'alors et discerner le chemin de votre retour sur Terre, vers votre véritable nature et vous-même.

Peut-être la question est-elle une porte ouverte sur une nouvelle manière de vivre – un chapitre inédit de la planète Terre. Lorsque vous la vivez, un moyen de créer un nouveau monde s'offre à vous. La naissance ne peut survenir sans la mort, le printemps sans l'hiver. Et nous vivons aujourd'hui un hiver global.

L'ENQUÊTE DE L'ÂME

Quelle question vivez-vous actuellement ?

Quelle question vous amène à agir aujourd'hui ?

POURQUOI CHOISISSONS-NOUS DE NOUS INCARNER ?

S'il est parfois difficile pour une âme de vivre une expérience humaine sur une planète de grande polarité, cernée comme aujourd'hui par la désolation, je crois que la Vie est une formidable aventure pour les âmes, que celles-ci s'incarnent dans un corps afin de se révéler dans le monde physique. Mais aussi qu'avant de s'incarner, l'âme fait un rêve dont votre vie, cette vie, est la manifestation.

Personnellement, je pense être venue sur Terre pour m'acquitter d'une mission à la fois personnelle et collective (comme je l'ai mentionné dans le chapitre « La mission de l'âme », page 79). Jusqu'à ce que je trouve les mots et les concepts me permettant d'appréhender ce savoir, j'avais toujours le sentiment d'oublier un élément dont j'avais désespérément besoin. Au fil de ma route, j'ai eu des aperçus du voyage de l'âme et suis toujours restée fascinée par ce qui survient à notre mort.

Dans mon premier livre, j'ai évoqué mes premières expériences transformatrices vécues lors d'une régression vers mes vies antérieures alors que j'avais une vingtaine d'années. Au cours de cette régression, je suis revenue au moment précédant ma naissance, lorsque mon âme a décidé des détails de son incarnation.

Je me souviens avoir distingué devant moi un corps liquide aux côtés d'êtres venus m'assister pour prendre ma décision sur le lieu et l'heure de ma venue sur Terre, en fonction des missions personnelles et collectives de mon âme. Après avoir fait mon choix, j'ai été conduite dans un espace ouvert, vaste et lumineux, où de nombreuses âmes étaient rassemblées afin de rencontrer le Conseil de Lumière.

Si je ne les voyais pas, je discernais et sentais leur énergie semblable à des boules de lumière étincelantes. Il était difficile de faire la différence entre celles qui achevaient leur voyage et celles qui le commençaient. Cette assemblée était la plus extraordinaire qui soit. L'énergie de certaines de ces âmes m'était familière, comme si je m'étais déjà incarnée avec elles.

Le Conseil de Lumière nous a révélé ce qu'allait être notre vie sur Terre et informé que nous ferions partie d'un réveil de masse du monde occidental et d'un retour nécessaire à la conscience de la Déesse Mère/Dieu et au rééquilibrage de la planète.

Nous avons été investis de nos missions et informés que, lorsque nous marcherions sur nos chemins uniques, nous rencontrerions des personnes et des situations censées nous réveiller. Et que si l'un de nous répondait à l'appel de son âme, son réveil déclencherait chez un autre un souvenir, quelle que soit leur proximité physique.

Cet éveil allait nous transformer. Nous sommes censés suivre ce qui nous éclaire – et, ce faisant, éclairer le monde qui nous entoure, provoquer une réaction en chaîne et un réveil de masse potentiel. Nous avons également reçu des informations sur nos choix de vie et nos missions personnelles. Je ne saurais dire s'il y avait 100 ou 100 000 âmes. Il était difficile de les différencier, comme si toutes étaient connectées à notre mission collective. J'ai assisté à l'incarnation simultanée de nombreuses âmes se regroupant par vagues au cours de différentes périodes.

Depuis que j'ai décrit cette expérience, j'ai reçu des centaines de lettres et de courriels de personnes m'informant de leur présence lors de ce conseil. Certaines se sont souvenues l'avoir vécu en lisant mes souvenirs, d'autres se l'étaient déjà remémoré grâce à leur exploration personnelle. Peut-être étiez-vous là vous aussi ? Ou peut-être êtes-vous investi d'une mission collective distincte ? Quoi qu'il en soit, vous avez choisi de vous incarner ici et maintenant pour une raison précise.

L'ENQUÊTE DE L'ÂME

Pourquoi votre âme a-t-elle choisi de s'incarner aujourd'hui ?

△

UN RÔLE À JOUER CONNU DE NOUS SEULS

Nous avons tous un rôle à jouer qui est connu de nous seuls. Nos chemins se déroulent uniquement lorsque nous les parcourons. Ne laissez jamais qui que ce soit vous dire ce que vous devez faire. L'autre n'est pas vous et vous n'êtes pas lui. Il ne connaît pas et ne connaîtra jamais votre réalité, tout comme vous ne connaissez pas et ne connaîtrez jamais la sienne. Si cette personne perd ses précieux moments sur Terre à s'inquiéter de la façon dont vous devriez occuper les vôtres, elle ne fera que dilapider les siens. Ne la laissez jamais dilapider les vôtres.

Votre vie et votre temps sont des bijoux précieux. Si quelqu'un pense devoir vous montrer comment devrait évoluer votre voie, il ignore probablement les joyaux de sa propre existence. Ne laissez pas son égarement vous égarer. Poursuivez votre route. Invitez-le poliment à faire de même.

En parcourant votre chemin, vous vous tournerez vers les autres et les autres se tourneront vers vous. Quelle merveille de partager son voyage ! Mais si votre chemin peut naturellement impacter celui des autres, poursuivez-le lorsque l'appel inévitable à vous tourner vers eux retentira. Il se présente toujours. Les fins sont nécessaires pour que naissent les commencements.

Au fur et à mesure que vous progresserez sur votre route, vous constaterez que celles des autres peuvent déborder sur la vôtre et vous bousculer. Acceptez-le. Mais ne laissez jamais leur évolution vous amener à rejeter la vôtre. Ce serait improductif, à la fois pour vous-même et pour l'autre. Poursuivez votre route.

Ne laissez pas celui qui suit une voie différente de la vôtre vous dire comment parcourir la vôtre.

Personne à part vous ne peut savoir et ne saura jamais
ce qu'implique, a impliqué et impliquera
de suivre votre voie. Saluez ceux qui la croisent
et continuez sans hésiter à accorder votre confiance
aux graines qui ont été semées
au plus profond de votre être.

L'ENQUÊTE DE L'ÂME

Vers quoi êtes-vous appelé à vous tourner ?

De quoi êtes-vous appelé à vous détourner ?

△

LA PRÉSENCE

Le plus beau cadeau que vous puissiez faire à autrui est de distinguer l'être qui vit derrière son regard. Afin de découvrir le long voyage entrepris par son âme pour s'incarner sur Terre et les graines précieuses qui ont été semées en lui. Pour beaucoup, passer inaperçus lors de leur naissance, être placés et emportés sur le tapis roulant de la vie dans laquelle ils s'incarnent, enfermer leur âme dans une boîte constituent la blessure originelle.

Offrez aux personnes de votre vie le plus beau des cadeaux. Distinguez les graines ancestrales qui brillent derrière leurs yeux, cette présence qui existait avant leur incarnation dans leur corps physique. Soyez témoin de la quête courageuse de leur âme qui poursuivra son voyage encore et toujours.

Mieux encore, faites votre possible pour offrir au monde cette part éternelle de vous-même. Ne la dissimulez pas. N'attendez pas que ceux qui ont des yeux pour la voir la quêtent. Révélez-la dès aujourd'hui. Ne l'enfermez pas dans une boîte qui ne pourra jamais contenir votre chant. Ne la réprimez pas. Exprimez-la. Partagez-la. Vos âmes sœurs vous entendront et loueront sa présence. Votre âme est une balise. Votre dispositif de guidage. Exposez-vous et appelez ceux qui vous ressemblent à vous rejoindre.

L'ENQUÊTE DE L'ÂME

Comment laisser davantage de personnes discerner votre moi véritable ?

△

La musique retentit dans mon cœur

La musique retentit dans mon cœur.
Les mantras anciens résonnent dans ses quatre chambres.
La musique retentit dans mon cœur.
Ses harmonies se répercutent dans mon corps tout entier.
La musique retentit dans mon cœur.
Les mélodies murmurent derrière le voile.
La musique retentit dans mon cœur.
Un rythme intérieur bat dans mes veines.
La musique retentit dans mon cœur.
Les cœurs d'anges expriment leur reconnaissance d'être ici.
La musique retentit dans mon cœur.
Des moines, des siddhas et des chamans applaudissent à travers les âges.
La musique retentit dans mon cœur.
Cette note unique que je suis venu chanter.

TROUVER SON TERRITOIRE

De nombreuses âmes incarnées sur Terre aujourd'hui s'y sont déjà incarnées et reviennent, encore et toujours, pour tenter d'influencer l'instant précis de notre réveil. Certaines se sont réveillées plus tôt que d'autres, en prélude. D'autres ont été arrachées brusquement à leur sommeil.

Ces heures prévues de longue date arrivent. Aujourd'hui, demain, après-demain. Elles sont là. Et nous nous réveillons chaque jour davantage.

Ce réveil au cœur d'un grand bouleversement peut vous désorienter et entraver la découverte de votre territoire. Or plus vous vous ancrerez, plus vous serez précieux. Repérez votre espace – et appelez toutes les parts de votre être à revenir en vous.

Plus vous vous sentirez apaisé, plus ceux qui vous entourent se sentiront apaisés. Plus vous vous sentirez stable, plus ceux qui vous entourent se sentiront stables. Plus vous vous sentirez en sécurité, plus ceux qui vous entourent se sentiront en sécurité. En ces heures tumultueuses, nous devons travailler plus que jamais à découvrir notre territoire.

L'ACTIVATION DES ÊTRES STELLAIRES

« Je m'engage à être ici pleinement.

J'appelle toutes les parts de mon esprit, de mon corps et de mon âme vers cet instant.

J'accède chaque jour à ce qui m'ancre et m'apaise. »

LES RÔLES DES ÊTRES STELLAIRES

Je crois qu'en nommant et en revendiquant les dons de nos âmes, en découvrant le(s) rôle(s) que nous sommes venus jouer sur Terre et en appréhendant la nature de notre être depuis une perspective spirituelle, nous éprouvons un profond soulagement ; nous prenons conscience de notre mission et améliorons ainsi notre qualité de vie et notre joie.

Êtres aux multiples facettes, nous façonnons les dons de nos âmes et la personne que nous sommes depuis de nombreuses vies. Chacun de nous possède une gamme de dons uniques, une histoire d'âme et un cheminement distincts. Si nous les considérons depuis cette perspective, nous ne rivaliserons jamais avec ceux qui marchent à nos côtés.

Mon travail avec des milliers d'âmes investies d'une mission individuelle et collective m'a permis de constater l'existence de rôles et d'aptitudes communs chez les êtres stellaires lorsqu'il s'agit de mener à bien leur mission collective. Découvrir notre rôle et les dons de notre âme est formidablement libérateur. D'après mon expérience, rien n'est plus frustrant que de se sentir appelé à servir sans savoir comment y parvenir.

Nous sommes dotés de compétences distinctes mais ne sommes pas destinés à *tout* accomplir. Nous sommes tous uniques et la meilleure façon de réaliser notre objectif est de l'exprimer. Cela ne signifie pas nécessairement exprimer nos rôles ou nos dons au sens traditionnel.

Parce que ce monde est un univers de polarité (n'oubliez pas que c'est à travers les extrêmes que nous grandissons le plus), le rôle de chaque être stellaire est à la fois positif et négatif – le positif étant le don et le négatif, la difficulté potentielle. Il importe de reconnaître que nous vivons dans un monde de libre arbitre et avons donc le choix d'utiliser nos dons avec l'intention la plus élevée pour tous, pour la planète ou pour notre seul profit.

Voici une liste de la plupart des rôles endossés par les êtres stellaires. Je les partage non pour limiter le précieux trésor de vos dons, mais pour vous aider à les revendiquer et à discerner la clarté et la priorité dans votre vie. Ils révèlent des informations sur les qualités de l'âme et leurs difficultés potentielles. Parce que nous sommes pourvus de nombreux dons à partager, nous pouvons être appelés à nous exprimer de manières distinctes à différents moments de notre existence.

L'ACTIVATEUR

Le don : l'activateur initie le changement, fait évoluer ses relations, sa communauté et le monde. Il peut inspirer les autres à prendre des mesures concrètes. Sa présence induit des modifications.

Le défi : l'activateur est très puissant – si puissant que son approche peut heurter les plus sensibles ou ceux qui peinent à discerner la situation dans son ensemble. Il insuffle l'énergie nécessaire à une action en cours mais peut avoir besoin de soutien pour mener à bien sa mission.

L'ALCHIMISTE

Le don : l'alchimiste transforme en or tout ce qui est figé, stagnant et pesant. Il n'a pas peur de s'enfoncer dans les profondeurs. Il est là pour créer d'importants changements et sa seule présence y parvient. Il s'immerge dans les eaux profondes du monde, et consacre sa vie à polir le cristal et à trouver la perle dans les ténèbres.

Il transforme ses propres souffrances en or et peut guider les autres à faire de même grâce à leur travail, et quelle que soit la compétence à laquelle ils ont choisi de se consacrer. Parce qu'il a plongé dans les profondeurs, franchi les barrières de feu et est revenu pour raconter son histoire, il a la capacité de préserver la bienveillance et de guider les gens à faire de même.

Le défi : tout le monde n'a pas envie de s'enfoncer dans les ténèbres ; ainsi, la présence et le don de l'alchimiste peuvent sembler inquiétants. Il doit faciliter la plongée d'autrui dans les profondeurs insondables, mais se rappeler que tout le monde n'est pas disposé à accomplir le travail qu'il sait pouvoir soutenir. Parce qu'il doit tout d'abord voyager dans les abysses et traverser des barrières de feu, il vivra probablement des heures difficiles – semblables à une mort et à une renaissance qui lui permettront de revenir avec la richesse de son don – pour s'acquitter de sa mission.

L'ARTISTE

Le don : l'artiste rêve d'un nouveau monde en créant et en partageant sa vision unique. Ses outils diffèrent – de l'écriture à la peinture, du jardinage à la cuisine et de l'art décoratif au chant –, mais il insuffle l'harmonie au monde en créant la beauté et en inspirant les autres à ressentir et à penser différemment.

Le défi : le défi de l'artiste est de faire suffisamment confiance à son don pour concrétiser sa réalisation. Rassembler la confiance nécessaire pour se concentrer sur sa tâche peut s'avérer complexe, notamment si l'expression de son don n'est pas traditionnelle. Il doit se concentrer sur sa création afin de la maîtriser et son processus s'assimile souvent à un concert en solo ; il peut être seul dans sa grotte créative. Pour cette raison, il importe de développer une communauté de personnes susceptibles de le soutenir dans son travail au fil de son parcours, à l'image des sages-femmes.

L'ENFANTEUR

Le don : l'enfanteur est là pour nous conduire vers de nouveaux mondes et nous révéler comment y parvenir. Il modifie les situations en canalisant les créations, informations et systèmes inédits qui influenceront le fonctionnement du monde.

Le défi : ce qu'il enfante est souvent si colossal que sa charge peut devenir écrasante. Il doit apprendre à réclamer un soutien et à l'*accepter* afin de donner vie à la nouveauté, mais aussi à un nouveau monde. La naissance appelle un travail et des contractions ainsi qu'une dilatation ; s'en souvenir peut s'avérer un soutien lorsque vous traversez ces contractions.

LE CHALLENGER

Le don : le challenger voit les choses différemment. Il est là pour démanteler les systèmes et ouvrir les esprits – enflammer et transformer. Il peut découvrir qu'il se bat pour l'opprimé ou une cause négligée ou sous-exploitée. Il inspire l'action et un changement durable, et détient la vision d'un nouveau monde.

Le défi : le challenger peut trouver frustrant que le reste du monde ne voie pas ce qu'il voit ; pire encore, qu'il le *voie* mais ne soit pas disposé à faire ce qu'il faut pour induire un changement. Il peut peiner à rester tolérant et patient face à l'étroitesse d'esprit et à l'inconscience, et quand la cause est urgente, à se souvenir que chacun est investi d'un rôle personnel et unique à jouer.

LE TRAVAILLEUR DE LA GRILLE CRISTALLINE

Le don : il est appelé dans des lieux précis pour devenir le gardien de la grille cristalline de la Terre. Travailleur énergétique pour la planète, il peut diffuser l'activité galactique en transmettant des informations de l'une et l'autre, à la manière d'un émetteur. Il peut être né dans un lieu spécifique ou être appelé là où il devra stabiliser une fréquence particulière. J'en ai rencontré certains qui étaient chauffeurs de taxi et n'avaient jamais quitté leur ville, d'autres qui répondaient très consciemment à l'appel de leur âme et accomplissaient activement leur travail énergétique avec la grille cristalline de la Terre et les points de pouvoir à travers le monde.

Le défi : le travailleur de la grille travaille sur le plan énergétique et peut subir l'influence des énergies lorsque celles-ci s'intensifient. Certains lieux sur Terre étant énergétiquement actifs, il a besoin d'un moyen permettant la diffusion de cette énergie et prend le temps de se purifier afin de ne pas porter par erreur ce qui ne lui appartient pas.

LE GUÉRISSEUR

Le don : le guérisseur discerne la complétude chez les personnes, les choses et les situations. C'est à travers la vision de cette complétude que l'autre est lui aussi en mesure de *voir*. Il a un cœur immense et une formidable capacité de compassion et de compréhension. Les gens aiment le côtoyer parce qu'ils se sentent généralement vus, entendus et considérés à ses côtés. Ils se sentent également en sécurité et sont plus enclins à partager leurs secrets et leur vérité avec lui qu'avec d'autres.

Le défi : parce que le guérisseur distingue la plénitude en toutes choses, il peut tomber amoureux du potentiel plutôt que de la réalité : cela peut s'exprimer au sein de ses relations lorsqu'il tombe amoureux du potentiel d'une personne ou d'une situation et non de sa réalité. Il a souvent besoin de travailler sur les limites – afin de définir clairement à qui et de quelle manière consacrer son temps, et de reconnaître que la guérison ne peut survenir sans l'autre : il ne le guérit pas, mais le maintient dans sa plénitude et l'autre choisit alors d'assumer son propre rôle.

LA SAGE-FEMME

Le don : les sages-femmes sont l'équipe de soutien – elles sont là pour aider les enfanteurs, les artistes, les challengers, les alchimistes, les visionnaires et les activateurs à créer un changement durable dans le monde. Leur soutien constant, leur étreinte et leur action concrète permettent de rêver à l'existence de nouveaux mondes et d'induire des changements durables. Elles se concentrent – même inconsciemment – sur l'action et le soutien énergétique, et sont beaucoup plus à l'aise dans leur rôle d'assistantes que de guides.

Le défi : parce qu'elle est un soutien, la sage-femme ne doit pas se perdre ou perdre son estime d'elle-même en offrant ses services de façon excessive. Afin de créer un changement durable et d'être en mesure de perpétuer cette tâche, elle doit trouver le moyen de reconstituer son propre puits.

LE PROTECTEUR

Le don : le protecteur offre une force de maintien dans le monde. Sa seule présence modifie la donne sur le plan énergétique. Il encourage et soutient l'autre lorsque celui-ci traverse des heures difficiles. Il a tendance à entrer dans la vie des gens au moment où ceux-ci en ont le plus besoin afin de résoudre leur problème et de les aider à passer à l'étape suivante de leur mission d'âme.

Le défi : une grande partie de son travail s'accomplissant sans qu'il en ait conscience, le protecteur peut trouver difficile de décrire ce qu'il fait. Il doit recevoir un soutien et en apporter aux autres. Rester en contact avec son corps et ses sentiments constitue pour lui un élément majeur afin d'alléger ses charges énergétiques.

LE VISIONNAIRE

Le don : ce penseur de la vision globale peut distinguer les modèles et les changements nécessaires pour accéder à un nouveau monde. Il est ici pour rêver qu'il se réalise. Il voit ce qui pourrait être et éprouve parfois le sentiment d'être né avant l'heure, car il est ici pour créer l'avenir grâce à sa vision claire et révéler aux gens le potentiel réalisable.

Le défi : en raison de sa capacité à distinguer les choses avant qu'elles existent, il peut être difficile pour le visionnaire de faire confiance à ses visions qui, en raison de leur nature même, ne sont pas toujours bien accueillies. Cela requiert la foi et il est donc nécessaire de soutenir et d'encourager ses visions. Il distingue clairement les situations, et l'aveuglement des autres peut le frustrer.

L'ENQUÊTE DE L'ÂME

Lequel de ces rôles résonne le plus en vous ?

△

PRIVILÉGIER LA CLARTÉ DANS LE CHANGEMENT

Personne ne peut obtenir une lecture plus claire de votre être et de ce que vous traversez que vous-même. C'est pourquoi nous sommes invités à une exploration profonde au cours des heures de grands bouleversements. Il est plus essentiel que jamais de rester ancrés et entourés de personnes qui défendent notre savoir et notre sagesse intérieurs, ainsi que la capacité de notre âme à traverser ces heures. De nous aventurer aussi dans le monde souterrain en sachant que nous en reviendrons transformés et, pourtant, plus nous-mêmes que jamais.

Lorsque nous vivons des heures initiatiques, nous pouvons ressentir des sentiments d'impuissance et de solitude. Ceux qui nous entourent (en particulier ceux qui nous chérissent le plus) auront toujours une opinion, et même si celle-ci est sincère et émane de l'amour qu'ils nous portent, elle sera toujours teintée de leurs expériences, opinions, réactions émotionnelles et motivations personnelles issues de leur ego ou de leur canal intérieur.

Si cela peut sembler utile lorsque nous brûlons de nous entendre dire comment agir, se connecter au canal d'autrui conduit souvent à la frustration, à la confusion et risque de nous faire dévier de notre chemin ou de simplement différer ce que nous avons tenté de contourner ou évité d'affronter. Cela peut également induire un sentiment de solitude plus prononcé lorsque nous quittons notre route pour emprunter le chemin le moins parcouru.

En période de changement – en réalité, à tout moment –, il est essentiel de se brancher avant tout sur son canal intérieur. Dans la mesure du possible, prenez conscience des conseils que vous êtes prêt à recevoir. Faites preuve de discernement dans votre quête d'opinions. Décidez qui fera partie de votre comité de conseil. Définissez clairement le soutien dont vous avez besoin. Faites savoir ce qui sera utile, perturbant et nuisible. N'oubliez pas qu'au bout du compte, aucun savoir ne sera meilleur que votre savoir intérieur auquel vous accéderez une fois que vous aurez rassemblé ces informations. Cultivez – toujours – votre canal intérieur.

L'ENQUÊTE DE L'ÂME

Qu'évitez-vous d'affronter actuellement ?
Qu'aimeriez-vous éliminer ?

△

LE VOILE EST LEVÉ

Cette époque est celle de la découverte des contrevérités pour nous rappeler les vérités universelles ; celle où nous nous réalignons sur la nature pour nous assurer que les âmes pourront revenir s'incarner sur la Terre. Tout est affaire de souvenirs et de réalignement. Ce qui n'est pas en harmonie avec la nature ne survivra pas. Ce qui tente de manipuler ou de diviser pour régner ne survivra pas.

Nous devons nous aligner sur la nature et aligner nos vies sur notre véritable essence. Nous devons aligner nos corps sur le rythme de la Terre et donc de l'Univers.

**Nous devons aligner nos vies extérieures
sur la guidance intérieure de notre âme.
Pour nous abandonner au pouls éternel
du grand cosmos.**

Cela vaut pour la société et le monde en général, ainsi que pour nos vies. Certains d'entre nous qui se sont incarnés sur Terre aujourd'hui sont venus une fois encore lever le voile entre les mondes visibles et invisibles. Mettre en lumière ce qui est inauthentique ou non aligné sur la survie et le bien-être de la planète – et par là même jeter une ombre sur ces dysfonctionnements. Défendre et protéger ceux qui sont privés de leur voix, chercher en profondeur et remettre en question tout ce que les générations précédentes ont omis de questionner.

Nous ne pouvons plus tolérer la dissonance. Nous sommes ici pour ranimer l'harmonie entre la société et l'humanité, et la Terre et les cycles de la Vie au sens large. Si nous tolérons dans nos vies ce qui n'est pas aligné, nous aggravons le désalignement de la planète, et nous séparons finalement de la Terre et de la force de Vie.

Vous êtes appelé à vous faire confiance, à faire confiance à ce qui ne semblait pas approprié, mais aussi à votre corps et à vos sens. C'est ce que signifie être à l'écoute – lorsque vos sens s'adressent à vous avec clarté. Cela commence par un murmure, suivi d'une sensation inconfortable, puis d'une voix qui s'élève et enfin d'un cri. Au moment où ce cri s'élève, votre corps vous informe. Qu'est-ce que vos sens tentent de vous communiquer ? Qu'est-ce que votre corps tente de vous communiquer ? Soyez attentif à vos sens car ceux-ci ne mentent jamais.

Si nous l'avions été, la planète ne serait pas dans le triste état qui est le sien aujourd'hui. Mais nous pouvons encore agir. Maintenant. En nous rendant visibles et en étant à l'écoute chaque jour, nous pouvons faire la différence. Faites confiance à vos sens. Votre sensibilité est sacrée ; la Vie et l'âme communiquent grâce à elle. Vous n'êtes pas sa victime – elle est une force qui attend que vous la saisissiez.

L'ENQUÊTE DE L'ÂME

Qu'est-ce que vos sens tentent de vous communiquer ?

Qu'est-ce que votre corps tente de vous communiquer ?

Qu'est-ce qui n'est pas en harmonie dans votre vie aujourd'hui ?

Quelle action êtes-vous appelé à entreprendre ?

△

Tout remettre en question

Les plus grands défis visent tout d'abord
à vous séparer de votre foi.

Acceptez-les.
Ne jugez pas vos remises en question
Lorsque vous doutez de vos croyances, de votre dévouement,
de votre Dieu/Déesse, de votre existence tout entière.

C'est au cours de ces heures que nous sommes censés
tout remettre en question.

Peu importe combien de temps vous restez à l'écart.
Combien de temps vous ignorez votre foi et fermez votre cœur.
Combien de temps vous entretenez la

r u p t u r e.

Chaque défi constitue une opportunité d'enrichissement.
Mais vous devez tout d'abord vous retirer.

Remonter à la surface avant de plonger une fois encore dans les profondeurs.

Et finalement, vous reviendrez vers les perles
Qui attendent que vous plongiez plus profondément encore.

Δ

LE POIDS DU MONDE

Vous n'êtes pas personnellement responsable de l'état du monde. Vous n'avez pas à porter ce que vous n'avez pas créé même si vous êtes venu insuffler un changement. Surtout si vous êtes venu insuffler un changement. Or nous sommes *tous* investis de cette mission.

Si vous voulez accomplir les transformations nécessaires, vous devez donner la priorité à votre bien-être et à votre corps afin de pouvoir poursuivre durablement cette tâche et pas uniquement le temps d'une saison. Si vous avez besoin d'une autorisation pour vous accorder la priorité, qu'il en soit ainsi. Vous ne serez utile à personne si vous ne pouvez plus avancer faute d'énergie, si vous êtes submergé et passif.

En ces heures de grands bouleversements, il est difficile de ne pas se sentir accablé par l'état de la planète ou la liste interminable de systèmes, comportements et tragédies à guérir et réparer. Si vous êtes épuisé énergétiquement, vous ne pourrez jamais affronter ces problèmes et vous attendre à ce que votre corps fonctionne. Lui offrir le repos qu'il mérite est vital, prendre soin de lui est essentiel.

La planète Terre a ses saisons et votre corps est la Terre. Vous devez honorer les saisons de votre corps si vous voulez poursuivre votre chemin. Il est impossible d'être en pleine floraison toute l'année. Abandonnez-vous à votre hiver intérieur afin de laisser de nouvelles graines germer, bourgeonner et éclore, fleurir et fructifier. Acceptez que d'autres voix que la vôtre s'expriment lorsque vous vous reposez et vous régénérez. Elles aussi devront s'abandonner à leur hiver lorsque vos bourgeons seront à nouveau prêts à éclore et à porter leurs fruits.

Vous seul savez ce dont vous avez besoin et vous seul êtes en mesure de vous l'accorder. Cela ne signifie pas que vous devez vous déconnecter des problèmes du monde et sombrer dans l'inconscience, mais établir des limites claires pour éviter l'épuisement énergétique. La planète a besoin que vous soyez en bonne santé – physiquement, émotionnellement, mentalement, énergétiquement et spirituellement. Nous sommes tous venus surfer sur les vagues des océans terrestres. Faites confiance à celle qui vous a amené sur Terre.

L'ENQUÊTE DE L'ÂME

Que portez-vous qui ne vous appartient pas ?

Quels sont les besoins de votre corps chaque jour, chaque semaine pour s'épanouir ?

△

DES HEURES DE GRANDS BOULEVERSEMENTS

Nous vivons une période de bouleversements, de transition et de guérison – tant sur le plan individuel que planétaire. Les planètes changent sur le plan cellulaire et nous changeons aussi. Cette vie est la conséquence de transformations multiples, cette période, celle pour laquelle nous nous sommes incarnés, la raison de notre retour sur Terre.

Les mystiques, sages, guérisseurs, sorcières, artistes, acteurs du changement, joueurs de tambour, chanteurs, musiciens, danseurs, tisserands et visionnaires des temps passés sont ici pour se souvenir. À mesure que la mémoire nous revient, nous ajoutons notre pièce au puzzle collectif. Notre participation à la danse de la Vie.

En tant que membre de l'équipe de transition, vous êtes à l'avant-garde de cette transformation planétaire. *Transformer* signifie changer de forme ; la Terre a modifié sa forme et, en nous incarnant, nous modifions la nôtre. Nous avons oublié cette loi de la nature, cet état naturel d'évolution constante.

La métamorphose n'est pas uniquement extérieure – elle se produit aussi au niveau cellulaire. Ce peut être douloureux mais résister et tenter de nager à contre-courant ne fait qu'activer la douleur. Les marées se renouvellent chaque jour. La Grande Mère et les Grands-Mères tissent les fils de votre vie lorsque vous vous abandonnez à leur flux, leurs cycles et leur souffle.

Si vous vous accordez du temps pour vous offrir la subsistance et l'espace dont vous rêvez, contemplez le temps qui s'étire. Nous modifions aujourd'hui notre relation avec le temps et l'être. Le sentez-vous ?

Le rythme de la Terre est plus lent que celui auquel sont habituées de nombreuses âmes. Elle nous appelle à revenir à son harmonie cyclique et il importe de savoir revenir en arrière pour mieux avancer.

Vous n'êtes pas ici pour sauver qui que ce soit en dehors de vous-même ; personne n'est ici pour sauver qui que ce soit en dehors de lui-même. Nous sommes responsables de nos propres actions – passées, présentes et futures. Alors que se jouent pour chacun les transitions d'un âge à l'autre – que nous dansons avec les ombres patriarcales et nous libérons de ces comportements autrefois pertinents –, nous nous libérons nous-mêmes. Nous quittons la prison du passé et prenons conscience d'en détenir la clé.

En tant qu'être vivant sur cette planète, vous êtes en première ligne d'un groupe d'âmes susceptibles de provoquer un changement des âges planétaires. Cette renaissance n'est pas acquise, mais elle est une opportunité. Il ne fait aucun doute que cette époque de transformation réclame un grand courage. Ayez la foi et puisez votre force dans la certitude de ne pas agir seul. Vous êtes appelé à devenir la sage-femme d'une humanité métamorphosée. Nul ne peut se soustraire à cette tâche. Je sais qu'elle est complexe. C'est pourquoi nous ne sommes pas tous prêts à l'accomplir les yeux, l'esprit et le cœur ouverts. Sachez que vous n'agissez pas seul. Votre travail personnel affecte le collectif, tout comme le collectif vous influence. Aucune cellule ou organe corporel ne fonctionne isolément. Chaque personne qui se libère libère l'humanité. Chaque personne qui se guérit guérit ses lignées ancestrales. De nouvelles graines de liberté sont semées et ces graines, correctement nourries, détiennent le potentiel pour créer une nouvelle humanité. Qu'il en soit ainsi.

△
L'HEURE D'ENTONNER NOTRE CHANT A SONNÉ

Le monde est beaucoup plus ancien que le suggère l'Histoire, le mystère plus insondable, la poussière des âges plus profonde. La sagesse attend d'être révélée. En tant qu'âmes, nombre d'entre nous ont connu des époques plus évoluées que la nôtre, assisté à l'ascension et à la chute de civilisations anciennes et de terres emportées par le souffle du temps. Alors que nous nous remémorons ces heures, les souvenirs, la sagesse et les dons peuvent ressurgir. La Grande Mère sait qu'ils sont plus nécessaires que jamais pour éviter de répéter les erreurs du passé.

À ce stade de l'histoire de notre planète, la sagesse des anciens pour notre survie en tant qu'espèce est essentielle. À ce stade de l'histoire de notre planète, nous avons besoin de donner naissance à une nouvelle humanité si nous voulons survivre en tant qu'espèce. Vous êtes appelé à vous connecter à la sagesse égarée de votre âme et de votre lignée ancestrale pour revenir à la Mère originelle, faire ressurgir les graines qui ont été semées en vous. À vous souvenir de ce qui a été imprimé afin de découvrir une voie collective. À disperser ces graines et à entretenir le jardin de votre lignée depuis sa création et vers l'avenir.

Si vous avez le sentiment de ne pas être prêt, peut-être est-ce la raison précise de votre incarnation. Peut-être votre âme détient-elle une sagesse dépassant votre imagination. Peut-être vous êtes-vous préparé pour ce moment ; peut-être nous sommes-nous tous préparés. Les rideaux sont ouverts, le spectacle commence, l'orchestre joue. Il est temps d'entonner notre chant.

L'ACTIVATION DES ÊTRES STELLAIRES

« Je libère toute sagesse oubliée et les dons de l'âme de mes vies passées.

Je reviens à la Mère originelle et j'invoque la force
et le soutien de mes ancêtres.

Je fais confiance aux graines qui ont été semées en moi
et j'en prends le plus grand soin.

Je laisse les Grands-Mères de la Terre
– passées, présentes et futures – chanter à travers moi. »

LA VIE EST UNE TOILE

À bien des égards, la société capitaliste nous a convaincus de la nécessité de consommer et de l'inutilité de créer. Nous avons oublié que nous sommes des artistes et que cette vie, notre vie, est la toile sur laquelle nous créons. On nous a inculqué que la créativité n'existe que chez certains êtres – qu'elle est un don rare, une particularité. Or elle ne se limite pas à une poignée d'élus, mais vit en chacun de nous. Ce qui signifie qu'elle vit aussi en vous. La créativité et l'intuition sont issues du même espace et cet espace est celui de l'âme.

La Terre est une planète de manifestation, de création. Quel monde voulez-vous offrir à vos descendants ? Qu'êtes-vous appelé à créer sur cette Terre ? Il n'est jamais trop tard pour commencer et aucune expérience n'est requise. Tout ce dont vous avez besoin est de garder le cœur et l'esprit ouverts et d'accomplir une action quotidienne cohérente.

La raison pour laquelle les gens ne font pas confiance à leur créativité est double. Cette perte de confiance résulte souvent d'une rupture au cours de l'enfance avec l'un de nos dons les plus naturels – un commentaire blessant ou irréfléchi de la part d'un enseignant, d'un parent, d'un frère ou d'une sœur – ou d'un excès de réflexion et d'un manque de mesures concrètes. Au cours de mes années passées à travailler comme directrice de création, puis dans mes ateliers, j'ai souvent vu des personnes submergées par un afflux d'idées qui pensaient, si elles n'avaient pas *l'*idée ou *le* ressenti justes, devoir attendre de discerner le plan détaillé, étape par étape.

Des livres, des chansons, des inventions, des innovations, des sculptures et des idées propres à changer le monde attendent d'être réalisés sur cette planète. Comme les solutions aux problèmes que nous brûlons de résoudre. En tant que créatifs, nous devons vivre dans l'émerveillement et la confiance, l'aventure et l'incertitude. Plonger dans le flux de la Vie et croire que la prochaine étape se révélera à l'heure dite.

Si une idée ou une création est appelée à naître, assurez-vous de semer ses graines par une action quotidienne concrète. Révélez vos créations chaque jour. Ainsi, elles prendront racine, bourgeonneront, fleuriront et fructifieront. Et si l'hiver venu vous vous autorisez à vous reposer, chaque printemps assistera à l'émergence de vos nouvelles créations. Faites confiance à votre guide et, à terme, vous aurez la certitude d'être guidé.

L'ENQUÊTE DE L'ÂME

Qu'êtes-vous appelé à créer ?

△

CRÉER AU CŒUR DU CHANGEMENT

Je sais que dans les heures de grands bouleversements, créer en ressentant la nécessité d'agir avec parfois l'impossibilité de nuancer, se jeter à l'eau en encourant le risque d'être interrompu ou de faire fausse route, peut devenir une source d'angoisse. Tout comme partager sa vérité puis, quelques instants plus tard, se réveiller et réaliser que le balancier de la conscience, en soi et autour de soi, s'accélère ; utiliser le privilège de faire entendre sa voix et s'autoriser à chanter sans savoir quel accueil lui sera réservé, courir le risque, quasi inévitable, d'être incompris ou de commettre une erreur à un moment au cours de sa vie.

Lorsque l'artiste crée, il matérialise ce que beaucoup ressentent au plus profond de leur cœur. Lorsque l'artiste crée, il aide autrui à offrir un sens à un monde en constante évolution.

En tant que créatifs, il est normal de revenir sur nos créations passées et de vouloir les modifier, les perfectionner, voire les détruire ; de faire d'elles, comme de nous-mêmes, un travail incessant. Or ce n'est pas le rôle de l'artiste, du créateur, du poète, de l'écrivain, du mystique, du guérisseur ou du tisserand. Nous ne sommes pas venus pour trouver la réponse, puis créer. Nous sommes venus pour vivre cette réponse, découvrir en elle notre voie, la danser, la chanter, l'écrire. Pour rêver ensemble d'un nouveau monde.

Créez au travers de votre incertitude. Frayez-vous un chemin au travers de ce processus. Chantez au travers de votre agonie et de votre confusion. L'automne et l'hiver sont inéluctables.

Touchez le cœur d'autrui en partageant le chant de votre âme.

△

S'INCARNER POUR ENTONNER SON CHANT

Nous vivons une époque où la conscience évolue rapidement. Des contre-vérités sont exhumées chaque jour. Les tours instables des temps passés s'effondrent à nos pieds. Aux yeux des artistes, des écrivains, des dirigeants, des enseignants, des poètes et des créateurs, ces heures peuvent sembler angoissantes pour créer. Or nous devons créer. Car le contraire de la création est la consommation, et la surconsommation est la dernière chose dont le monde a besoin aujourd'hui.

La créativité fait partie de notre nature ; elle constitue une part fondamentale de l'être humain. Lors des heures d'incertitude et de confusion, elle peut nous aider à trouver notre voie. Lors des heures de division et de séparation, elle est à même de nous offrir un lien. C'est à travers la créativité que nous pouvons réparer ce qui a été brisé et tisser un nouvel avenir pour le monde.

Peut-être êtes-vous appelé à réaliser un projet créatif avec d'autres. Ou à tisser la beauté dans votre foyer. Peut-être êtes-vous venu cultiver un jardin. Ou peut-être les graines semées en vous vous appellent-elles à trouver une nouvelle manière de créer un monde durable. Chantez, quoi qu'il arrive, chantez.

Je sais que cela peut sembler déconcertant d'offrir sa voix, son art, ses créations à un monde où « défaire » semble sans fin. Mais si vous êtes venu créer et que votre muse s'adresse à vous au cœur de la nuit, vous ne pouvez pas vous dérober. Chacun de nous doit jouer sa partition dans l'orchestre de la Vie. Et si chacun partage cette note unique, sa fréquence active sa note chez une autre personne. Nous n'avons jamais été censés rivaliser, comparer – nous sommes venus chanter.

L'ACTIVATION DES ÊTRES STELLAIRES

« Je suis prêt à semer ce que je suis venu partager.

Puis-je mon chant être chanté. Chanté. Chanté. »

△

Le jardinier des étoiles

Ne vous perdez pas dans les cieux,
ne restez pas prisonnier de la Terre.

Vous tissez les mondes.
Vous êtes un danseur céleste.

Plantez des graines à chaque étape.

Un pont entre l'esprit et la manière.
Le jardinier des étoiles.
Présent pour nous aider à nous souvenir.

△

DES CRÉATIONS ONT ÉTÉ SEMÉES EN NOUS

Des créations ont été semées en nous avant notre naissance. Des possibilités aspirent à être tissées et des solutions créatives, réalisées. Les chants de l'ancienne Terre nous invitent à les chanter et une nouvelle conscience attend d'être irriguée et enfantée.

Abandonnez-vous aux créations connues et inconnues qui ont été semées en vous. Peut-être vous invitent-elles à retisser la toile de la Vie. Afin de broder l'âme. Vous vous êtes incarné en possession de clés pour autrui et votre chant, si vous le partagez, sera libérateur pour un autre que vous.

La créativité et l'intuition sont issues du même espace sacré ; elles ne peuvent être reproduites. Elles surviennent lorsque nous sommes en phase avec le flux de la Vie – lorsque nous fusionnons avec les autres mondes et que quelque chose dont nous ignorions l'existence s'instaure.

La Terre est une planète de manifestation et de créativité. Pourtant, nous sommes nombreux à avoir oublié comment créer car nous avons été éduqués pour consommer – en nous concentrant sur le toujours « plus », nous avons désappris comment évoluer durablement. La consommation nous achève.

Faites confiance aux graines qui ont été semées en vous. Quelque part le long de votre route, vous avez cessé de vous considérer comme un artiste, un créatif, un poète, un chanteur… Pourtant, être humain est être créatif.

Peu importe l'issue finale, il suffit d'exprimer votre âme au travers de votre créativité. Ne vous laissez pas distraire pas les détails troublants du résultat ; invitez plutôt votre âme à cheminer et à vous guider. Les graines semées en vous vous montreront la voie. Tout ce que vous avez à faire est de veiller sur elles par une action créative quotidienne.

Abandonnez-vous à ce qui vous fait peur et vous excite. Plongez dans ce qui vous rend vivant. Créez sans vous attacher au résultat. Trouvez un moyen de rétablir la beauté dans votre vie quotidienne car la vie et l'âme existent là où frémit la créativité. Et aujourd'hui, le monde en a besoin plus que jamais.

L'ENQUÊTE DE L'ÂME

Qu'est-ce que votre âme aspire le plus à créer ?

Que souhaitez-vous créer pour le seul plaisir ?

△

FAIRE CONFIANCE AU TIMING DE LA VIE

Lorsque vous vous incarnez avec un objectif avec la possibilité d'en influencer l'issue, que vous vivez des heures où l'avenir de la planète semble incertain, il est normal d'avoir le sentiment que le temps vous manque et de devoir faire les choses plus vite que le permet votre corps, de douter du bon timing de votre vie. Si vous éprouvez cette sensation, faites-lui simplement confiance, ainsi qu'à vos limites.

Il y a une différence entre précipitation et urgence. Nous vivons des périodes tumultueuses et devons trouver un moyen de vivre durablement, à la fois pour notre corps et le monde. Faire confiance à la vague sur laquelle nous surfons n'a jamais été aussi essentiel.

Nous sommes arrivés sur cette planète par vagues. Des vagues d'âmes investies chacune d'un rôle unique à jouer. Nous sommes portés par les marées cosmiques, nous dansons à leur rythme. N'essayez pas de surfer sur une vague qui n'est pas la vôtre.

Vous n'êtes pas seul. Sauver le monde ne relève pas de votre seule responsabilité. Ni de la responsabilité de la vague. Les marées cosmiques sont guidées par une force intelligente. Votre mission n'est pas « l'unique » mission.

Faites confiance à la vague sur laquelle vous surfez.
Faites confiance au timing de votre vie.

Il est impossible de fleurir l'année entière. C'est notre mode de vie qui nous a insufflé cette croyance.

Quand vient l'heure de créer, créez. Quand vient l'heure d'avancer et de guider, avancez et guidez. Quand vient l'heure de fleurir, fleurissez. Quand vient l'heure de vous reposer, reposez-vous. Quand vient l'heure d'apprendre, apprenez. Quand vient l'heure d'être guidé, laissez-vous guider.

Lorsque vous faites confiance au timing de votre vie, vous ouvrez la voie à la prochaine vague. Vous permettez à la marée cosmique de faire ce qu'elle sait faire. Vous résistez à l'envie et à la pression extérieure qui vous poussent à devenir toujours plus productif et à vivre comme si vous deviez grandir et lutter sans relâche. La survie de la planète dépend de votre discernement.

Si vous faites suffisamment confiance au timing de votre vie pour accepter d'attendre lorsqu'il convient d'attendre, d'arriver lorsqu'il convient d'arriver, il vous restera quelque chose à offrir – une énergie suffisante pour surfer sur la vague qui vous est dévolue – le jour où l'océan se dégagera.

Très souvent, ceux qui pensent s'être incarnés avec un objectif précis ont le sentiment que le temps presse et s'inquiètent de rater *leur* moment. Mais la seule façon de passer à côté de sa vie est justement de vivre avec la peur de la rater. De prendre des décisions en se laissant submerger par cette peur.

Les marées de votre vie sont orchestrées pour déferler et refluer en parfaite harmonie. Ne vous précipitez pas et ne surfez pas sur une vague qui n'est pas la vôtre. Vous perdriez à la fois votre énergie et votre temps précieux, et ne seriez utile ni aux autres ni au monde. Chaque élément sur Terre a sa saison et vous êtes appelé à faire confiance à la vôtre.

Ne laissez pas l'impatience, la comparaison, la compétition, la pression ou la paranoïa assécher les graines qui ont besoin d'eau. Elles savent précisément ce qu'elles doivent accomplir et à quel moment l'accomplir. Ce qui signifie que vous aussi le savez.

De nos jours, l'anxiété est une constante, notamment lorsque nous sommes à l'affût de ce que nous aurions pu rater ou d'une menace possible. Maintenir notre esprit et notre corps dans la même direction que notre âme est quasiment impossible à de telles vitesses de réaction. Aujourd'hui plus que jamais, il est urgent de nous rappeler de prendre notre temps et de faire confiance à la vague cosmique qui nous a amenés sur Terre, ainsi qu'à la sagesse de la graine. De nous souvenir que nous sommes les graines.

L'ENQUÊTE DE L'ÂME

Comment faire davantage confiance au timing de votre vie ?

LA RAISON DE NOTRE INCARNATION

Je sais que vivre en ces heures tumultueuses peut sembler complexe, chaotique, volatil ou cruel. Et qu'il est tentant de vouloir se dissimuler – éviter, s'abriter, se dissocier et fuir.

Mais peut-être nous sommes-nous justement incarnés pour vivre ces temps chaotiques et volatils, de calcul, d'effondrement et de démantèlement.

Ces heures ne s'étaient pas produites auparavant – et peut-être constituent-elles précisément la raison de votre venue. Peut-être n'êtes-vous pas seul à vous questionner et à vouloir leur résister. Peut-être le processus même de les embrasser vous conduira-t-il vers votre propre guérison et contribuera-t-il à la guérison et à la croissance du collectif.

Peut-être êtes-vous, sommes-nous tous en réalité les cellules de l'Univers qui se structure. Peut-être êtes-vous, sommes-nous tous en réalité les cellules imaginaires de l'Univers qui renaît.

Peut-être la résistance exprime-t-elle notre peur de changer de forme – la chrysalide inconnue de notre devenir. Peut-être le chaos apparent n'est-il pas le chaos. Peut-être fait-il partie du dessein. Peut-être va-t-il nous reconsteller, à la fois personnellement et collectivement, afin qu'ensemble nous puissions accéder à une toute nouvelle étape de l'humanité. Peut-être est-il la raison de notre incarnation.

Ces heures sont complexes. Le processus d'éveil l'est toujours. Ne vous méprenez pas – nous nous réveillons ensemble. Individuellement et collectivement. Le réveil est rarement fluide. Il peut donner le sentiment d'être arrachés à la paix et de déconstruire les bases stables sur lesquelles nous nous sommes construits. Je connais cette sensation d'inconfort, mais elle fait partie de l'évolution. Puissions-nous grandir ensemble au gré de ce processus.

Si vous vivez un conflit, un bouleversement, un effondrement (nous en vivrons tous), faites votre possible pour découvrir le cœur de votre âme. Plongez dans sa graine originelle et enracinez-vous. Dirigez et tissez votre Vie à partir d'elle.

Si vous vivez un conflit, un bouleversement, un effondrement, trouvez votre centre physique. Incarnez-vous sur Terre. Enracinez-vous. Nous sommes ici pour réharmoniser notre âme dans notre quotidien, la semer sur cette planète. Nous ne sommes pas venus uniquement pour devenir un être spirituel et humain, mais pour tisser, fusionner et intégrer ces deux facettes. Pour devenir l'humain divin. Nous préparer à accueillir les Enfants du Soleil. Les êtres d'or. L'alchimie ne pourra toutefois se produire que si nous endurons au préalable les nuits les plus obscures et franchissons les barrières de feu.

Jamais auparavant nous n'avions eu accès personnellement ou collectivement aux outils dont nous disposons aujourd'hui. Tous les grands secrets des traditions du monde, la sagesse des mystiques et des poètes, des grands enseignants et de l'humanité tout entière sont à notre portée. En ces heures d'urgence absolue, nous avons accès à l'ensemble de ces informations. Je sais que cette période de bouleversements peut sembler difficile et déstabilisante, mais je sais aussi – comme vous – qu'elle est la raison même de notre incarnation.

△

GARDER LE CŒUR OUVERT QUAND NOTRE PLUS GRAND SOUHAIT EST DE LE FERMER

Le défi de la Vie est de garder le cœur ouvert alors que notre plus grand souhait est de le fermer. De laisser la Vie nous épanouir encore et toujours. De grandir au travers des blessures et des pertes, de la déception, de la trahison et de la douleur. De permettre à ce qui s'effondre de s'effondrer.

Être humain demande du courage et une vie bien vécue est empreinte de pertes et de tragédies, mais aussi de triomphes et d'aventures. La Terre est une planète de polarité et contenir les pôles de la vie est complexe.

Où que vous soyez aujourd'hui, quelle que soit la douleur que vous subissez, la Vie vous pousse à ouvrir votre cœur. Trouver le moyen de grandir à travers les extrêmes. Peut-être traversez-vous une période difficile. Peut-être la Vie vous teste-t-elle plus que vous pensez pouvoir le supporter. Peut-être votre plus grand rêve est-il de vous isoler. Votre chagrin est réel. Personnel et collectif. La guérison prendra le temps nécessaire.

Même si vous la ressentez personnellement, sachez que cette sensation ne vous concerne pas seul. Peut-être votre rôle n'est-il qu'un fil dans la grande tapisserie des âges. Peut-être cette invitation à ouvrir votre cœur est-elle destinée à ce que chacun ouvre le cœur de l'humanité. Pour potentiellement y trouver un certain réconfort.

Progressez à la fois avec ardeur et douceur. Prenez soin de vous avec toute la tendresse d'un enfant car vous êtes cet enfant. Étreignez-vous dans votre propre cœur. Un jour, proche, vous contemplerez ces instants et vous étonnerez du chemin parcouru par vous-même et les autres. Si vous n'aviez qu'une chose à faire, ce serait garder votre cœur ouvert au travers des extrêmes.

L'ENQUÊTE DE L'ÂME

Comment garder le cœur ouvert ?

△

LE JOUR OÙ NOUS DÉCOUVRONS QUE NOUS SOMMES LE LEADER

Je sais quel courage il faut pour créer sans relâche une voie nouvelle et combien il peut être déconcertant lorsque – après avoir longuement attendu celui qui vous sauvera et vous guidera – vous prenez conscience que cette personne n'est peut-être que vous-même.

Être un leader en des temps ordinaires est déjà considérable en soi, mais être un leader en ces heures de grands bouleversements est une tout autre histoire. Or ces heures sont tumultueuses.

Si vous êtes appelé, sachez que vous n'êtes pas seul. Faites confiance à la graine qui a été semée en vous. Elle connaît la voie. Laissez-vous guider par elle. Lorsque le sol est instable, il peut sembler inquiétant et troublant d'avancer. Mais si l'appel retentit en vous, vous devez y répondre. J'ai trop souvent tenté de refouler mon appel intérieur et vu ce que cela provoquait dans une vie.

Lorsque nous ignorons notre appel intérieur, nous refoulons notre force de Vie et renions notre être. Plus nous ignorons cette force et renions notre nature, plus nous nous éloignons de la Vie et nous dissocions d'Elle. Plus nous ignorons la graine de l'appel intérieur, plus il devient difficile de trouver l'apaisement. Plus le temps passe, plus nous avons besoin de mécanismes de survie et de comportements susceptibles de le retenir.

Si vous êtes appelé sur cette Terre pour guider, vous devez vous acquitter de cette mission.

L'ENQUÊTE DE L'ÂME

Comment êtes-vous appelé à devenir un guide ?

△

LES ÊTRES D'OR

Notre âme contient des codes anciens. Ces codes ne peuvent être semés que si nous sommes tous présents. Semez ce que vous êtes venu semer. Chantez la partition que vous êtes venu chanter. Appelez votre âme.

Nous vivons une époque de destruction et de déconstruction. J'en connais la complexité ; je sais que, lors de telles heures, il est plus facile de fuir et de nous mettre à l'abri, d'aspirer à la quiétude d'une grotte, de nous évader, de rassembler autour de nous nos êtres chers et de nous éloigner du reste du monde en attendant qu'elles passent.

Demeurer dans la grotte n'est pas vivre.
Vivre caché n'est pas vivre. Éviter n'est pas vivre.

La grande réorganisation est en marche. Elle risque d'être inconfortable mais vous n'êtes pas seul dans cette épreuve. Vous n'êtes pas seul à éprouver un sentiment de malaise, de peur ou à rêver de disparaître sous terre le temps que passent les pluies cosmiques. Celles-ci passeront. Peut-être pas de votre vivant, mais elles se dissiperont. Et nous sommes venus interpréter notre rôle dans ce fastueux spectacle.

Arrivera le jour où vos descendants chanteront votre nom, où les êtres d'or vous loueront d'être un enfanteur, un alchimiste, et de leur avoir ouvert la voie. D'avoir affronté l'obscurité et l'inconfort afin que la guérison puisse s'amorcer. Vous trouverez alors votre place parmi les alchimistes ancestraux. Soyez cet alchimiste. Celui qui, une fois encore, franchira les barrières de feu.

L'ACTIVATION DES ÊTRES STELLAIRES

« Je m'abandonne à mon rôle d'alchimiste.

J'accepte l'inconfort et j'ouvre mon cœur
alors que mon plus grand souhait est de le fermer.

Je guéris ce que je suis venu guérir.

J'affronte ce que je suis venu affronter.

J'embrasse ce que je suis venu embrasser.

Je prends ma place d'ancêtre des heures futures.

J'accueille les ombres pour transformer les blessures du passé en or.

J'étreins les saisons de ma vie.

Je m'engage à être ici physiquement.

J'appelle pleinement mon âme.

Jusqu'au bout de mes doigts. »

L'ANCRAGE

Comment se sentir chez soi sur Terre

LE DÉFI D'ÊTRE HUMAIN

Être une âme est facile. Être humain est difficile.

Être une âme vivant une expérience humaine constitue parfois un exercice solitaire, déroutant et douloureux... qui peut aussi s'avérer radieux, spectaculaire et doux. Beaucoup peinent à gérer la polarité et la séparation parce qu'ils se souviennent de l'unité éternelle de la Source et aspirent à la retrouver.

Traverser la vie le cœur ouvert est un miracle. Mais la nature est miraculeuse et vous appartenez à la nature ; ainsi, si vous faites confiance à votre essence, si vous êtes en phase avec elle, vous vivrez les extrêmes de l'existence terrestre avec le cœur ouvert. Cela ne signifie pas que vous serez immunisé contre la peine et la douleur inhérentes à cette vie. Ce sera même plutôt l'inverse – le plus grand défi, dans cette vie et les autres, est de garder son cœur ouvert au travers des extrêmes.

Si vous y parvenez, vous accueillerez non seulement la douleur mais aussi la joie, l'amour et le bonheur. Vous avez signé pour vivre ces opposés – ils font partie de l'expérience terrestre. Comme la naissance et l'épanouissement du printemps et de l'été, le déclin et le vide de l'automne et de l'hiver. Nous avons appris à louer uniquement le printemps et l'été, à prioriser la jeunesse sur la vieillesse, la naissance sur la mort – or chaque aspect de la Vie est sacré et nécessaire si nous voulons la vivre pleinement.

Ceux qui se sont autorisés à accueillir leurs automnes et leurs hivers intérieurs incarnent leur humanité et sont présents physiquement, mentalement et émotionnellement pour ceux qui traversent les leurs. Nous sommes tous invités à le faire. Plus nous acceptons de les vivre, plus nous sommes capables de compassion envers nos semblables et plus nous les considérons avec bienveillance, plus nous reconnaissons l'immense courage qu'implique de voyager le cœur ouvert.

Les extrêmes de la Vie sont nos plus grands initiateurs. En les acceptant, nous pouvons jouir pleinement de cette existence qui est la seule raison de notre incarnation. La mort cède la place à la naissance, le chagrin à la guérison, la séparation à l'union, le ressentiment au pardon, etc.

Lorsque les bourgeons s'épanouissent avec abandon,
offrent en toute confiance ce qu'ils étaient à la Terre,
puis s'ouvrent au vide fertile de l'hiver
pour que naisse le printemps, ils continuent
d'embrasser la magie du monde.

Avec le recul, lorsque nous prenons conscience que nous ne sommes qu'un grain de poussière d'étoiles dans un univers appartenant lui-même à un multivers si vaste que personne ne peut l'appréhender, il devient impossible de ne pas considérer le tableau d'ensemble depuis une perspective plus large. Si nous pouvions faire un zoom arrière, nous discernerions la beauté saisissante de cette planète qu'une si grande partie de l'humanité estime acquise.

Il ne s'agit pas de transcender et d'ignorer son état de désolation actuelle, mais de discerner l'interconnexion entre toutes choses. De la même manière que nous ne pouvons pas guérir ce que nous n'acceptons pas dans nos vies, nous ne pouvons pas guérir ce que nous n'acceptons pas pour la planète. J'ai confiance en la capacité de la nature à se régénérer. Je crois que notre planète peut y parvenir et nous aussi – mais à cette fin, nous devons cesser de nous considérer comme des êtres déconnectés de la nature.

Nous devons nous réveiller, prendre conscience que
nous *sommes* la nature et revenir à la Terre.

Tout ce que nous pouvons faire pour soutenir la nature en général ou notre nature en particulier – en accordant notre confiance aux saisons, en nous connectant à la Terre, en protégeant les plus vulnérables –

est plus que nécessaire aujourd'hui. Nous devons maintenir la fréquence de l'unité et identifier ce qui a été rompu, apprécier les traditions ancestrales tout en reconnaissant leurs persécutions cruelles. Nous devons remercier les bienfaits avec lesquels nous vivons tout en soutenant ceux qui en sont privés.

Chacun de nous peut faire partie de la grande régénération de la nature et participer au retissage de la tapisserie de la Vie. Le jardin d'Éden attend notre retour. Nous n'en avons jamais été expulsés. Dès lors, laissez les arbres devenir vos cathédrales, les fleurs, vos livres de prières. Puissions-nous revenir à la Terre.

Le défi pour les âmes vivant une expérience humaine est de s'engager à *exister* dans le monde. S'incarner pleinement dans leur corps, leurs cellules. Beaucoup d'êtres stellaires ont tendance à la transcendance plutôt qu'à l'immanence ; transcender signifie aller au-delà de ce qui existe ici et maintenant – se concentrer sur les cieux, sur ce qui est supérieur à la réalité existante ou surnaturel, immanent, sur la matière des choses.

Si vous êtes attiré par les cieux, vous devrez travailler sur l'incarnation et la matière. Si vous avez un penchant naturel pour le monde physique, vous devrez vous orienter vers le mysticisme et l'unité de la Source.

Ceux qui tendent à l'immanence nient l'âme et l'esprit de la Vie car ils se concentrent sur la réalité physique de ce qui est concret, ici et maintenant. Ceux qui tendent à la transcendance ont une prédisposition à *tout* transcender. La transcendance seule peut induire la dissociation et l'évitement de notre propre humanité, de celle des autres et de la réalité de la Vie. Seule, l'immanence peut nous amener à rejeter le lien de la Vie. Nous sommes encouragés à trouver notre voie pour étreindre les deux.

Si vous optez davantage pour l'un, votre défi sera de travailler à intégrer l'autre afin que puisse éclore la danse entre le ciel et la Terre, le masculin et le féminin, l'esprit et la matière. Si vous êtes prédisposé à la transcendance, comment pouvez-vous envisager son contraire et discerner l'autre extrémité du spectre de la réalité ? Si vous avez tendance à l'immanence, comment pouvez-vous distinguer le grand mystère du monde ?

La plupart des êtres stellaires se sentent plus à l'aise avec les anges et les cieux. Ils aspirent à l'unité et l'unicité d'une façon si manifeste qu'elle peut être douloureuse. Toutefois, la véritable unité n'est pas et ne sera jamais possible tant qu'elle ne sera pas intégrée par tous sur Terre. Jusqu'aux cellules corporelles de chaque être. Elle doit s'ancrer plutôt qu'être un concept vers lequel nous nous évadons et que nous gardons dans notre conscience. Ce qui est en haut est comme ce qui est en bas. Le ciel et la Terre.

La finalité n'est pas la transcendance, mais l'intégration. L'âme est sur Terre pour se perfectionner et vivre son expérience. Elle n'est pas parfaite, mais embellit l'expérience humaine par sa présence.

L'âme a besoin de l'expérience humaine comme l'expérience humaine a besoin de l'âme. Le ciel a besoin de la Terre comme la Terre a besoin du ciel.

L'âme travaille simultanément dans le cosmos et sur la Terre. Ce qui est en haut est comme ce qui est en bas. Nous avons choisi d'être ici et maintenant. Il est temps de nous engager pleinement, intensément et sincèrement.

L'ACTIVATION DES ÊTRES STELLAIRES

« Je ne détournerai pas les yeux de ce que je ne veux pas voir.

Je choisis de m'engager à être ici et maintenant. »

L'ENQUÊTE DE L'ÂME

Comment vous engager à être plus pleinement ici et maintenant ?

Comment embrasser davantage votre humanité et l'expérience humaine ?

L'incarnation

Il est facile de nous laisser distraire et de déplacer notre regard vers les étoiles. D'aspirer à trouver un lieu familier et confortable – n'importe où ailleurs qu'ici. D'aspirer au bonheur infini de l'union dans les cieux ou à cet espace de l'Univers dans lequel nous nous sentons le plus à l'aise. Vous avez choisi d'être ici et maintenant, alors engagez-vous à l'être.

De nombreuses âmes luttent contre la polarité de la vie humaine. L'agonie des extrêmes qu'elle suscite. Le chagrin, la mort, les fins, le conflit, l'hiver… l'autre facette de cet espace auquel nous aspirons, de la famille dans laquelle nous sommes nés et des expériences que nous désirons vivre. Mais la Vie sur Terre ne fonctionne pas ainsi. Vous avez choisi d'être ici et maintenant, alors engagez-vous à l'être.

Des mots comme « empathie » et « sensibilité » résonnent en nous et nous tentons de nous cacher de la cruauté du monde. Nos cœurs sont brisés par ce monde instable et il est plus facile de tourner notre regard vers d'autres lieux pour soulager la douleur qu'il induit. Vous avez choisi d'être ici et maintenant, alors engagez-vous à l'être.

Il ne fait aucun doute que l'époque dans laquelle nous vivons est inconfortable. Nous devrions avoir le cœur brisé, remettre en question nos anciennes façons d'être. Nos systèmes devraient s'effondrer. Notre programme est sous nos yeux. Vous avez choisi d'être ici et maintenant, alors engagez-vous à l'être.

△

LA SÉPARATION ORIGINELLE

Nous vivons une époque où de nombreux êtres se sont déconnectés de la Terre. Quelque part au fil de la route, lorsque le lien est devenu trop douloureux, une rupture a eu lieu. Depuis, beaucoup d'entre nous ne parviennent plus à s'y sentir chez eux et, en tant que tels, s'interrogent sur le lieu de leur appartenance.

Ils errent sans se sentir soutenus. Sans se sentir « chez eux ». Ils modifient leur chemin au fil de leurs vies, de leurs lieux d'habitation, de leurs amis et de leurs expériences, et se tournent vers les autres pour combler l'absence d'hospitalité et d'appartenance que nous offrait la Terre autrefois. Ils prennent. Étreignent. Conquièrent. Ils souhaitent être accueillis comme la Mère les accueillait autrefois, sans savoir qu'elle est toujours présente et attend que nous nous souvenions, que cette part de nous-mêmes qui aspire à recevoir son étreinte nous réveille une fois encore.

Lorsque vous vous connectez consciemment à la Terre, un voile se lève et la Terre s'ouvre et vous accueille. Lorsque vous vous souvenez de votre lien avec toutes choses sur cette planète et vous connectez à son impulsion électromagnétique, l'énergie dormante et chacune de vos cellules s'animent.

Lorsque vous vous connectez à la Terre
et honorez ses gardiens – ceux qui vous ont précédé –,
elle s'ouvre à vous pleinement et ses ancêtres
ne sont plus simplement ses gardiens
mais deviennent aussi les vôtres.

Lorsque vous vous connectez consciemment à la Terre, un voile se lève. Elle s'ouvre à vous et vous accueille pleinement. Vous vous abreuvez de ses eaux douces et vous débarrassez de ce qui est devenu inutile. L'énergie dormante se dissipe et vous vous connectez à toutes choses. Lorsque cette connexion est juste, l'impulsion électromagnétique s'active ; quelque chose en vous prend vie et chacune de vos cellules s'anime.

L'ACTIVATION DES ÊTRES STELLAIRES

« Je m'autorise à me connecter à la Terre.

À retourner dans les bras de la Mère.

Que cette planète devienne aujourd'hui mon foyer.

Je me rends et m'autorise à y être accueilli pleinement. »

S'enraciner

Invitez votre âme à se répandre en vous.
Dans votre être tout entier.

Vivez pleinement votre vie.
Abattez les murs défensifs.
Laissez votre âme imprégner chacune de vos cellules.

Ancrez toutes les parts de vous-même ici et maintenant.
La Vie est présente, y compris face à la Mort.

Sans elle, la naissance est impossible.
Or vous êtes venu ressusciter le monde.
L'avez-vous oublié ?

Engagez-vous pleinement dans cette vie.
Prenez pleinement possession de votre âme ancestrale.

Enracinez-vous ici et maintenant.

À LA FOIS EXTRAORDINAIRE ET ORDINAIRE

Vous êtes à la fois extraordinaire et ordinaire dans votre exceptionnalité. Extraordinaire et ordinaire dans votre particularité. Unique et différent dans votre unicité. La vie sur Terre abonde en miracles. Et ces miracles sont ordinaires. Ainsi va la Vie.

Il suffit d'assister à la naissance ou à la mort d'une personne. Ces deux événements sont à la fois les plus extraordinaires et ordinaires de la vie. Au même titre que la douleur. Si elle est éprouvante sur un plan personnel, elle est aussi la réaction la plus légitime aux effets indésirables de la Vie terrestre. Si vous vous autorisez à vivre pleinement, vous ne pourrez pas l'éviter.

La véritable essence de la nature n'est ni plus ni moins miraculeuse. Vous êtes la nature, donc, vous êtes miraculeux. L'intelligence qui souffle à la jonquille quand fleurir vibre dans vos cellules. Ne l'oubliez jamais. N'essayez pas de contrôler cette intelligence par la comparaison ou le doute. Sachez que, comme l'aubépine sait transformer ses fleurs en fruits, vous pouvez conspirer avec la Vie pour créer aussi les vôtres. Et ce faisant, faire don de la confiance en la nature miraculeuse d'autrui.

Ne jugez pas vos émotions et sentiments. Ne tentez pas de les contrôler. Permettez-leur de s'écouler comme le temps. Les émotions sont des sentiments mobiles – si vous les laissez déferler et choisissez de les orienter avec bienveillance, elles seront source de miracles.

Nous quittons une ère d'individualisme pour accéder au vivre-ensemble. Mais pour y parvenir, nous devons reconnaître nos différences. Reconnaître combien nous sommes extraordinaires et uniques tout en discernant la même unicité chez les autres. Reconnaître que nous ne l'avions pas remarqué auparavant. Cesser de diviser en acceptant d'avoir été l'acteur – conscient ou inconscient – de cette division.

On nous a enseigné qu'il n'y a pas assez de place pour tous et qu'en conséquence la rivalité est légitime. Or les fleurs ne rivalisent pas – la fleur de cerisier ne pense pas être plus ou moins remarquable que la rose –, elles embrassent ce qu'elles sont et s'épanouissent conjointement comme si elles étaient les productions à la fois les plus extraordinaires et ordinaires du monde. Parce que c'est le cas et qu'elles le sont. Vous aussi.

L'ENQUÊTE DE L'ÂME

Comment vous abandonner à la véritable nature miraculeuse et unique de votre être ?

Comment vous abandonner à la véritable nature miraculeuse et unique d'autrui ?

△

TROUVER SA FLEUR

Je crois que la nature nous apprend comment nous comporter en être humain à chaque instant, chaque jour, et que les fleurs en particulier détiennent des informations sur l'être que nous sommes et deviendrons, sur notre épanouissement et notre évolution.

Je crois que nous sommes tous connectés sur cette planète avec une fleur porteuse d'une qualité similaire à notre être spirituel. La note céleste de notre être. Une fleur que notre âme nous envoie pour nous rappeler qui nous sommes véritablement.

Je crois que, lors des différentes périodes de notre vie, nous pouvons développer nos qualités en travaillant avec les fleurs à mesure que des nouveautés s'épanouissent en nous.

Je crois qu'il est impossible que notre cœur ne s'ouvre pas davantage lorsque nous travaillons avec elles ; progressivement, elles nous rendent à la véritable nature de notre être.

L'ENQUÊTE DE L'ÂME

Si vous étiez une fleur, laquelle seriez-vous ?

Nous sommes semblables aux fleurs

Peut-être les fleurs existent-elles pour nous apprendre à devenir humains.
Comment embrasser ouvertement notre véritable nature,
quelle que soit sa différence ou sa beauté. Prendre conscience
que nous ne sommes pas censés avoir la même apparence,
la même résonnance ou le même comportement.
Cette diversité n'est pas seulement majeure, elle est nécessaire à la Vie.
Pour nous rappeler qu'il existe un moment sacré pour chaque chose,
qu'il y a suffisamment de place pour chacun
et qu'il est impossible de fleurir tout au long de l'année.

Peut-être les fleurs sont-elles là pour nous apprendre à être humains.
Nous redresser comme le coquelicot, nous révéler forts comme le chardon,
résilients comme la bruyère. Ancrer profondément nos racines
comme la figue. Défier la norme comme l'aubépine.
Nous épanouir au travers de nos peurs comme la pivoine.
N'éprouver aucun remords comme la fleur de la passion.
Nous souvenir de notre douce innocence comme le jasmin.

Jaillir les premiers comme la jonquille. Affronter les risques
comme la fleur de cerisier. Savoir qu'il n'est jamais trop tard
comme la rose d'hiver. Faire confiance aux saisons changeantes
de notre vie comme l'hortensia.

Certains d'entre nous sont ici pour inspirer, telle la rose de jardin.
D'autres pour activer et protéger à l'image de la couronne d'épines.

Certains sont sensibles comme l'orchidée.
D'autres destinés à laisser une trace comme le lys.

Peut-être les fleurs sont-elles là pour nous apprendre
comment être nous-mêmes sur la planète Terre.

△

LE PROCESSUS D'ÉVEIL ET L'IMPORTANCE DE L'INTÉGRATION

Le processus d'éveil est perpétuel. Lors de notre premier réveil, nous pouvons avoir le sentiment de nous souvenir de tous les secrets de l'Univers. Mais après être revenus sur Terre, nous comprenons que ce processus est celui de toute une vie, que nous nous souviendrons sans fin et ressentirons toujours le grand mystère d'une âme vivant une expérience humaine.

C'est un peu comme tomber amoureux et avoir des relations sexuelles épanouissantes. Les premières fois, nous sommes certains d'avoir trouvé un code secret. Une réponse. D'avoir atteint un but. Or la grande spirale de la vie humaine ne cesse d'évoluer et de se déployer.

J'ai vécu de nombreuses expériences d'éveil. Certaines ont été spontanées, d'autres plus progressives et longues. Certaines ont été physiques, d'autres plus subtiles et intérieures. Certaines ont été extatiques et heureuses, d'autres douloureuses ; la plupart du temps, elles ont été les deux. Certaines m'ont apporté des réponses, d'autres des questions à vivre, exhumant toujours plus d'interrogations. Plus je progresse dans les saisons de ma vie, plus je suis certaine de son mystère lui-même. Ce que l'on dit est vrai – plus on en sait, moins on en sait.

Peut-être traversez-vous une période de réveil spontané – en recevant des visions et en vivant des expériences qui sortent de l'ordinaire. En Occident, ce processus est méconnu et peut sembler effrayant s'il est traversé seul. Ailleurs dans le monde, il est souvent considéré comme une expérience bénéfique et ceux qui le vivent sont traités avec un soin attentionné – à l'instar des femmes qui mettent au monde leur enfant ou des bébés dans le canal de naissance. Plus j'expérimente le réveil, plus je le considère comme un processus semblable à celui de la venue au monde.

Beaucoup de personnes l'idéalisent ; en réalité, il est beaucoup plus désordonné et complexe que nous l'imaginons. Il implique tout d'abord que nous renoncions à nos certitudes et au sens que nous donnons au monde. Ce qui est loin d'être évident. Le processus de réveil (même « spontané ») est long à intégrer et un réveil sans intégration peut induire un sentiment de déracinement et d'instabilité.

Puissions-nous tous vivre l'éveil afin de pouvoir semer ce que nous sommes venus partager. Sans intégration, sans nous, les graines ne peuvent survivre. Rien ne peut les contenir, les retenir et les nourrir. Puissent-elles survivre longtemps après notre départ. De nouvelles âmes arrivent qui nous appellent à préparer le sol pour qu'elles s'y enracinent. Les sentez-vous ? Elles sont proches.

Ce n'est plus un secret pour personne : nous vivons actuellement un réveil à l'échelle mondiale. Même les âmes inactives depuis longtemps s'éveillent. Une grande partie de ce que nous pensions être stable s'effondre ; tout ce qui est inauthentique, non aligné ou non viable se désagrège à nos pieds. Les comportements sur lesquels nous nous appuyions autrefois ne fonctionnent plus. La vie telle que nous la connaissions n'est pas seulement en train de changer – elle se modifie à jamais.

Les planètes ont entamé leur danse sacrée.

Nous vivons une époque qui a été prédite au fil des âges par les guérisseurs et les guérisseuses. Tenez compte de ceux qui nous ont ouvert la voie – qui ont minutieusement préparé votre lit pour faciliter votre réveil. Si vous êtes celui qui a préparé ce lit, essayez de vous souvenir que ceux qui s'éveillent aujourd'hui dormaient, inconscients de ce que vous avez accompli. Accordez-leur du temps. Ils sont en route.

Si vous êtes au cœur du processus de réveil (il ne s'achève jamais), considérez ce moment comme sacré et accordez-vous l'espace suffisant pour vous ancrer et assimiler les changements extrêmes que vous traversez. Prenez soin de vous et accordez-vous le temps de vous intégrer et de vous reposer – peu importe votre spontanéité. Arrosez vos graines et laissez-les prendre racine.

Distinguez les graines qui sont destinées au monde et celles qui vous sont destinées. Parfois, les bijoux précieux ont besoin de temps pour se révéler et d'être étreints avant de pouvoir être diffusés. Plus vos racines sont profondes, plus votre impact sera puissant. Faites confiance au timing de votre vie.

L'ACTIVATION DES ÊTRES STELLAIRES

« Je m'autorise à m'abandonner au processus d'éveil le plus pertinent pour moi.

J'avance pas à pas et j'intègre mon expérience quotidiennement.

Je fais confiance au timing de ma vie. »

△

La seule véritable autorité

Si vous mettez quelqu'un sur un piédestal
ou lui accordez trop d'autorité sur vous-même,
vous devrez à terme
le
faire
chuter
afin de pouvoir vous hisser à son niveau.

Vous pouvez l'éviter en ne donnant pas à autrui,
à un système ou à une force extérieure de l'autorité sur vous-même.

Lorsque vous exprimez la vérité, votre vérité, elle peut être ressentie
par ceux qui vous entourent. Cela ne signifie pas qu'elle est LA vérité
ou la vérité des personnes impliquées mais elle est la vôtre.

Lorsque vous l'exprimez le cœur ouvert, vous permettez aux autres
d'accéder plus facilement à leur propre vérité et ouvrez la voie
pour qu'une autre vérité, mutuelle, soit atteinte, réalisée et découverte.

Les choses ne sont pas uniquement noires et blanches.
Personne ne sait mieux que vous ce qui est vrai pour vous.

La seule véritable autorité de votre âme n'a jamais été que Vous-même.

△

VOUS NE SEREZ PAS AIMÉ

Ne gaspillez pas votre temps à tenter de rentrer dans un cadre. Cela ne fonctionnera pas et détruira ce bien si précieux qu'est votre vie. Vous êtes bien plus que vous ne pourrez jamais l'imaginer. Vous n'avez jamais été censé entrer dans un cadre. Être vous-même est l'objectif recherché.

Vous n'avez jamais été censé tout contrôler et plaire à tous. Vous plier, vous métamorphoser et vous glisser par tous les moyens dans cette boîte invisible. Vous ne serez pas aimé et cela importe peu.

Quoi que vous fassiez, quelles que soient vos tentatives pour l'éviter, votre présence est conçue par défaut pour faire remonter à la conscience d'autrui ce qu'il préférerait ne pas voir. Vous ne serez pas aimé et cela importe peu.

Sans que vous soyez fautif, votre présence sur cette planète indisposera quelqu'un. Il se peut que vous vous sentiez à l'aise lorsque cette situation surviendra. Elle surviendra. Vous ne serez pas aimé et cela importe peu.

À un moment donné, peut-être même plusieurs, vous provoquerez chez autrui la tristesse, l'agonie ou la colère. Votre existence même rappellera à cette personne ce qu'elle cherchait à occulter. Vous serez condamné et écarté pour ce que vous êtes. Mais vous ne serez pas responsable.

Vous ne serez pas aimé et cela importe peu.

△
SE SENTIR À L'AISE DANS L'INCONFORT

En tant qu'êtres humains, nous sommes des êtres cycliques comme chaque chose dans la nature. En tant qu'êtres cycliques, nous ne sommes pas censés rester toujours les mêmes. Le changement fait peur. Il est inconfortable. Le défi consiste à apprendre à se sentir à l'aise dans l'inconfort.

Beaucoup d'entre nous craignent l'inconfort. Or l'éviter revient à éviter l'évolution et éviter l'évolution, à éviter sa véritable nature. Si nous fuyons notre essence naturelle, nous nous déconnectons de la vie qui, comme notre corps, se paralyse. Nous devons nous efforcer d'apprendre à nous sentir à l'aise dans l'inconfort.

S'orienter vers un conflit le cœur ouvert permet d'évoluer. L'astuce est de ne pas lutter, fuir ou s'arrêter. Mais de vivre ce conflit ; d'accepter l'inconfort qu'il suscite et de trouver le moyen d'ouvrir son cœur, de poser l'amour et la croissance comme objectif final. J'ai dû apprendre chaque jour à me sentir à l'aise dans l'inconfort.

Dans ma jeunesse, j'éprouvais souvent une gêne et cherchais à tout prix à éviter les conflits lors de certaines conversations ou situations inconfortables. Si ceux-ci éclataient, je me fermais et faisais mon possible pour échapper au malaise qu'ils suscitaient en moi. Je craignais l'inconfort ou la disharmonie. Puis un jour, j'ai découvert que ces sentiments négatifs étaient souvent une invitation au changement. Une opportunité pour faire évoluer les relations et approfondir l'amour et la croissance.

Il peut en résulter un chapitre relationnel inédit, plus profond et plus épanouissant, ou une fin salutaire qui libère un espace pour cette nouveauté.

Mais cela nécessite généralement que les deux protagonistes soient consentants et désireux d'évoluer grâce à cette expérience. À cette fin, il faut trouver un moyen d'y parvenir au travers des réactions de lutte, de fuite ou de paralysie. De garder le cœur ouvert. Sinon, nous répétons à l'infini les mêmes comportements. Ou évitons simplement de vivre pleinement notre vie et, en conséquence, une part de nous-mêmes s'éteint.

Invitez toutes les parts de votre être. Apprenez à être à l'aise dans l'inconfort. C'est ainsi que nous grandirons ensemble.

L'ENQUÊTE DE L'ÂME

Dans quelle mesure vous sentez-vous à l'aise dans l'inconfort ?

Lorsque vous vous sentez mal à l'aise, quelle est votre réaction : la lutte, la fuite ou la paralysie ?

Vous seul savez ce qui est vrai pour vous

Lorsque vous placez les avis des autres
au-dessus de ce que vous savez être vrai.

Lorsque vous commettez l'erreur de prendre votre pouls
à l'aune des sentiments d'autrui.

Lorsque vous vous surprenez à croire ce que les autres disent de vous.

Lorsque vous laissez l'énergie du monde extérieur
remettre en doute votre innocence.

Lorsque vous sentez que vous absorbez les émotions d'autrui
et les confondez avec les vôtres.

Dites : « Je ne suis pas cela. Je ne suis pas cette personne. »

Et fusionnez avec l'infinité de la personne que vous êtes en réalité.

△

CELA NE NOUS CONCERNE PAS

Ce que les autres croient ne nous concerne pas, surtout s'ils ne croient pas la même chose que nous. Ne prenez pas l'initiative de contrôler leurs propos, leurs actes ou leurs pensées. Au contraire, faites-leur confiance afin qu'ils trouvent leur propre voie et acceptez que celle-ci diffère de la vôtre.

Nous sommes des âmes multidimensionnelles incarnées dans des corps ancestraux multidimensionnels ; vous ne pouvez donc pas savoir ce que signifie pour une autre âme de s'incarner, comme elle ne peut pas savoir ce que cela signifie pour vous. Vous avez un karma à brûler et un chemin à parcourir. Les âmes ont aussi les leurs. Ne commettez pas l'erreur de croire que ce qui est visible en surface existe sous la surface, que ce qui se passe à l'extérieur reflète ce qui se trame à l'intérieur. Tout le monde vit ses propres batailles. Au fil d'une multitude de situations, de conditionnements, de modèles, de saisons intérieures et du temps cosmique. Différemment de vous, mais aussi comme vous.

Cette vie constitue une formidable initiation pour l'âme et la traverser le cœur ouvert, une victoire. Faites de votre mieux pour le maintenir ouvert et évitez toute colère ou tout mépris qui pourrait inciter une personne à fermer le sien.

Une fois que cette Vie s'achèvera, il est probable que vous vous souviendrez que vous n'avez pas vécu seul cette expérience miraculeuse. Mais que vous avez joué chacun votre partition dans son orchestre. Vous n'êtes pas le chef d'orchestre, alors faites votre possible pour vous concentrer sur votre instrument et faites confiance aux autres pour qu'ils jouent du leur.

LE VAISSEAU SACRÉ

Chérissez votre corps chaque jour. Ne le considérez jamais comme un bien acquis. Il est le meilleur compagnon que vous aurez jamais. Traitez-le avec amour, bienveillance et respect. Nourrissez-le, hydratez-le, honorez-le, chérissez-le. Sans lui, vous n'existeriez pas.

Je sais qu'être une âme incarnée peut être difficile. Que parfois notre corps ne répond pas à nos souhaits. Mon vœu serait de ne plus passer un seul jour sans honorer ses capacités. Notre corps est précieux – plus précieux que tous les trésors du monde.

Revenons à l'époque où nous étions enfants. À l'émerveillement suscité par le fait de goûter, voir et entendre pour la première fois. Aux textures, aux sons, aux lumières et aux visages que nous découvrions. Votre corps est votre compagnon pour la vie. Un ami fidèle qui a accepté de s'unir à vous pour vivre l'expérience merveilleuse, folle, chaotique, magique, désordonnée mais aussi parfois terriblement difficile qu'est l'incarnation dans un corps physique.

Sans votre corps, vous n'existeriez pas.
Votre corps est le garant de votre vie terrestre.

Peut-être les défauts, les limitations, les soi-disant lacunes de notre corps, les maux et douleurs, la mauvaise digestion, ce genou fragile, les douleurs menstruelles ne ralentissent-ils pas notre expérience humaine. Mais nous prouvent au contraire que nous participons pleinement à sa magie et accomplissons ce que nous sommes venus accomplir en ce monde. Afin que nous puissions ressentir ce que nous sommes venus ressentir. Apprendre ce que nous sommes venus apprendre. Partager ce que nous sommes venus partager. Guérir ce que nous sommes venus guérir. Créer ce que nous sommes venus créer. Semer ce que nous sommes venus semer.

Si nous estimons être des âmes vivant une expérience humaine, nous devons chérir notre corps. Car sans lui, rien n'est possible. Cette évidence ne l'est pas pour ceux qui tendent à transcender plutôt qu'incarner.

La prochaine fois que vous vous plaindrez que votre corps vous freine, réfléchissez : peut-être ne vous freine-t-il pas – peut-être au contraire vous soutient-il. Peut-être rend-il possible ce dont vous avez précisément le sentiment d'être écarté. En vous soutenant à chaque instant, chaque jour. Il est votre compagnon ultime.

L'ENQUÊTE DE L'ÂME

Quelle est l'aspiration de votre corps ?

△

LE CORPS EST INTUITIF

L'intuition n'est pas immatérielle – elle est ancrée et transmise par le corps physique. Nous sommes tous intuitifs et ce sentiment invérifiable nous est communiqué par nos sens physiques. Mon corps, votre corps, nos corps sont intuitifs. Sans eux, nous n'éprouverions pas ces convictions qui ne répondent à aucun raisonnement. La clairvoyance existe grâce au corps. La clairsentience existe grâce au corps. La claircognizance existe grâce au corps. La clairaudience existe grâce au corps.

Plus notre âme est ancrée, plus nous sommes en mesure de discerner nos sens intuitifs. Lorsque j'avais une vingtaine d'années, mon professeur Sonia Choquette m'a appris que l'intuition est inutile à moins d'interagir avec elle ; mes mentors créatifs m'ont inculqué ce même enseignement dès lors qu'il s'agissait d'idées et de créativité (que je pense issues du même espace que l'intuition).

Plus vous travaillez avec votre intuition et votre corps, plus vos sens s'intensifient. Plus vous vous ancrez dans votre corps, plus votre lumière se répand et plus vos sens intuitifs se clarifient.

LES SENS INTUITIFS PRIMAIRES

Voici un aperçu des principaux sens intuitifs. D'après mon expérience, nous sommes tous dotés d'un sens intuitif majeur, mais... nous pouvons avoir accès à *tous* nos sens et travailler à les renforcer.

La clairvoyance – la vision claire

C'est le sens intuitif le plus courant. Généralement, la clairvoyance se manifeste lorsque nous pouvons voir à travers les yeux de notre esprit ou grâce à nos visions. Vous n'avez pas à voir physiquement quelque chose pour être clairvoyant. Si la clairvoyance est votre premier sens intuitif, vous utiliserez probablement un langage tel que « Je vois vraiment ce que vous voulez dire », ou « J'ai une vision précise de votre objectif ».

La clairaudience – l'audition claire

La clairaudience est la capacité à ressentir par l'ouïe une perception d'écoute réelle ou issue de l'oreille intérieure. Les personnes dotées d'une clairaudience élevée peuvent s'estimer hypersensibles aux sons qui les entourent et avoir besoin de solitude ou de se retirer dans un espace paisible car leurs oreilles captent *tout*.

Lorsque j'écris, j'aime me promener dans la nature ; le mouvement est à mes yeux un soutien essentiel. Lors de ces promenades, j'ai la sensation d'être guidée par mon oreille intérieure pour saisir les murmures de mon âme.

La claircognizance – le savoir clair

La claircognizance est l'intuition qui découle d'un savoir. Les idées créatives en sont souvent issues – une seconde, vous n'en avez aucune, la suivante, un concept global se dessine dans votre esprit. Vous ne pouvez pas l'expliquer ; vous savez, tout simplement.

Ce sens peut être l'un des plus difficiles à croire car il se base sur le « savoir » inné et peut facilement se confondre avec l'esprit. La différence entre le savoir intuitif et le savoir ou la pensée logique est que le premier relève davantage d'une connaissance intérieure et nous est souvent transmis comme un murmure doux, mais puissant.

La clairsentience – le sentiment clair

Le quatrième sens intuitif majeur est la clairsentience, qui signifie « perception claire des sentiments ». Il constitue un problème courant pour les empathes qui perçoivent si une dispute a éclaté dans une pièce ou si des rires y ont résonné.

Les clairsentis ont tendance à être trop sensibles aux énergies d'autrui et ont besoin de moments de solitude pour s'ancrer dans leur corps énergétique physique. En tant que clairsenti, les choses peuvent devenir complexes si vous n'êtes pas conscient de la façon dont votre corps absorbe les informations – parce que vous êtes incapable de définir si vous captez vos propres sentiments ou ceux des autres.

Voici quelques-uns des sens « clairs » moins connus :

La clairtangence – le toucher clair

Les clairtangents peuvent recevoir des conseils intuitifs grâce à leur sens du toucher et percevoir des textures ou des sensations physiques.

La clairalience – l'odeur claire

Les clairalients sont très sensibles à l'odorat. Comme avec tous les dons clairs, l'odeur n'a pas besoin d'être physique – il peut s'agir d'une odeur intérieure. Chacune délivre une information ; par exemple, la lavande évoquant une grand-tante qui adorait son jardin.

La clairgustance – le goût clair

Les clairgustants reçoivent des informations grâce au goût sans goûter. Ils peuvent ressentir une sensation physique et une saveur particulière ou son souvenir qui deviennent un moyen de communiquer des informations.

Si tous ces sens sont accessibles, j'ai remarqué une tendance générale à recevoir tout d'abord des informations par l'un (voire deux) de nos sens les plus puissants, puis d'autres grâce aux autres dons clairs – comme si ceux-ci communiquaient entre eux ou s'unissaient pour peindre un tableau plus complet. Ainsi, je commence souvent par recueillir mes informations intuitives par la clairaudience. Une fois que j'entends son « chuchotement », j'éprouve une sensation (clairsentience), puis perçois un visuel (clairvoyance).

L'ENQUÊTE DE L'ÂME

Selon vous, quel est votre sens intuitif le plus fort ?

LE VÉRITABLE EMPATHE

Le *Larousse* décrit l'empathie comme « la faculté intuitive de se mettre à la place d'autrui, de percevoir ce qu'il ressent ». Si je rejoins cette définition, je souhaite la développer car, à mon sens, l'énergie émotionnelle existe également dans les objets et dans les lieux, et s'imprime chez ceux qui entrent en contact avec eux. Je crois aussi que, comparé à un non-empathe, un empathe vit davantage ses propres émotions et sentiments.

À mon sens, nous nous situons tous quelque part sur l'échelle de l'empathie mais, pour faciliter la compréhension, je décrirai ceux qui se situent en haut de cette échelle comme « empathes » et ceux qui se situent en bas comme « non empathes ».

Avant de poursuivre, je tiens à préciser que nous ne devrions pas utiliser le terme « empathie » pour nous « différencier ». Être empathique ne fait pas de nous des êtres « particuliers » – nous existons tous sur le spectre de cette aptitude à ressentir les émotions d'autrui. Pour être un véritable empathe, il est essentiel de ne pas se considérer comme un être spécial ou victime de l'énergie ou des émotions hostiles du monde.

L'empathie peut être un don, à condition que celui qui en est doté en assume la responsabilité et l'utilise de manière autonome. D'après mon expérience personnelle et mon travail auprès de milliers de personnes à travers le monde, de nombreux empathes ne sont pas pourvus de la connaissance et des outils nécessaires pour gérer et s'épanouir physiquement et émotionnellement au travers de leur don.

Dans le chapitre précédent, nous avons exploré les différents sens intuitifs que nous possédons tous, dont l'un est la clairsentience ou « sensation claire ». Je crois que l'empathe a une capacité de clairsentience particulièrement élevée

– comparé au non-empathe – et que son don lui est conféré précisément par le degré d'émotions qu'il est en mesure d'éprouver.

Un empathe peut ressentir des états émotionnels et mentaux élevés. Ce qui peut être positif – ainsi, lors d'une méditation, lorsqu'il participe à une conversation animée ou regarde un *feel-good movie*, il ressentira un niveau d'émotions positives accru comparé à un non-empathe. Toutefois, ce degré de perception peut aussi s'avérer négatif. Ainsi, si un empathe est impliqué dans un conflit ou entre dans une pièce où une dispute vient d'avoir lieu, il captera plus intensément les émotions « négatives » qui l'habitent en raison de sa perception élevée due à sa clairsentience.

L'empathe peut également capter l'énergie d'un lieu ou d'objets plus facilement que le non-empathe. Par exemple, s'il visite un magasin d'articles d'occasion, il peut s'imprégner de l'énergie des objets ayant appartenu à différentes personnes et des émotions qui les imprègnent, alors que le non-empathe les ignorera.

De la même manière, si un empathe pénètre dans un lieu sacré pourvu d'une puissante énergie dévotionnelle comme une église, il la ressentira davantage qu'un non-empathe. Être empathique ne consiste pas seulement à être plus sensible à l'énergie négative – mais aussi à l'énergie harmonieuse.

Énergétiquement, l'empathe est plus ouvert ou perméable. Si les stimuli sont les mêmes, il les ressent de manière amplifiée. Si un empathe et un non-empathe contemplent le même coucher de soleil, le non-empathe ressentira des émotions comme la joie et l'optimisme tandis que l'empathe sera submergé par une version amplifiée de ces émotions. Et il ne percevra pas uniquement l'énergie physique de l'instant, mais aussi les émotions, l'énergie et les sentiments environnants, ceux-ci pouvant être positifs, négatifs ou se situer entre ces deux extrêmes. Si l'empathe est avec d'autres personnes, il ressentira également leurs émotions.

L'empathe est particulièrement sensible à l'activité mentale non ressentie, non traitée et non revendiquée. Ainsi, s'il côtoie des personnes qui esquivent leurs émotions, il sera plus susceptible qu'un non-empathe de les recueillir et de les confondre avec les siennes s'il n'a pas les moyens de les différencier.

Un empathe ressent de nombreux stimuli dans sa vie quotidienne – émanant de toutes les choses avec lesquelles nous interagissons, des sentiments exprimés et non exprimés de chacun, des émotions mémorisées de l'environnement et des objets. S'il est plus sensible aux stimuli, il perçoit également des émotions et des sentiments amplifiés. Sa surcharge émotionnelle n'est donc pas surprenante.

En utilisant l'analogie des boîtes aux lettres, on pourrait dire qu'un non-empathe possède une boîte unique qui recueille ses émotions et ses sentiments, alors qu'un empathe dispose de quatre boîtes distinctes – une première pour recueillir ses propres émotions et ses sentiments (souvent ressentis à un degré supérieur), une deuxième destinée aux émotions conscientes et subconscientes d'autrui, une troisième servant de réceptacle aux émotions mémorisées des lieux et enfin, une quatrième, à celles des objets. Un empathe dispose donc potentiellement de quatre canaux de réception distincts.

C'est pourquoi il est essentiel pour son bien-être de développer des compétences qui lui permettent de gérer cet afflux. Bien sûr, en tant qu'êtres multidimensionnels, nous existons tous quelque part sur le spectre de l'empathie, de nombreux êtres stellaires s'estimant *particulièrement* empathiques.

Je crois que l'empathie se révèle de trois manières. Certains sont dotés de cette aptitude dès leur naissance, au niveau de l'âme (ils sont déjà sensibles), tandis que d'autres voient cette sensibilité s'accroître au fil de leur vie (souvent au cours de leur enfance et au travers d'un événement traumatisant) ou grâce à une expérience d'éveil. Si vous pensez être empathique, vous constaterez probablement que votre don a été activé à plusieurs reprises ; par exemple, vous êtes né empathe, puis votre sensibilité a été renforcée par une expérience de vie ou un réveil. Je pense que la génétique joue un rôle essentiel.

Empathie de l'âme : certaines personnes naissent avec une capacité accrue à ressentir et à appréhender l'énergie qui les entoure. Il s'agit d'un don de l'âme – qui appartient au domaine spirituel. Certains enfants sont soutenus par des parents qui savent gérer ce don, d'autres n'ont pas cette chance. Si l'on n'apprend pas à un empathe à contrôler sa nature lorsqu'il est enfant, découvrir les outils pour y parvenir peut s'avérer fondamentalement transformateur.

Empathie issue des expériences de vie : de nombreuses personnes deviennent empathiques après avoir subi un traumatisme, souvent au cours de leur enfance. Leur don s'impose alors comme un mécanisme d'adaptation, un moyen de vérifier qu'ils sont en sécurité. Des comportements comme l'hypervigilance – une observation constante de l'énergie environnante pour s'assurer que tout va bien – en sont un exemple.

Ceux qui deviennent empathiques à la suite d'une expérience de vie significative sont les plus susceptibles de se sentir démunis face à leur don. Ils ont appris à mesurer leur quiétude ou leur valeur à l'aune de l'énergie environnante et peuvent éprouver le sentiment d'être bons ou mauvais en se basant sur les opinions ou le ressenti d'autrui à leur sujet.

Ce type d'empathe doit apprendre à considérer cette aptitude comme une force qu'il est à même de maîtriser en découvrant les outils pour la gérer. Dans la mesure du possible, il est utile de rechercher un soutien professionnel lors du traitement de traumatismes passés, même si toutes les personnes devenues empathiques suite à une expérience de vie ne sont pas en mesure d'y parvenir.

Empathie éveillée : lorsque nous traversons une expérience de réveil significative, nos sens peuvent s'intensifier du jour au lendemain et notre sensibilité perdurer après le temps d'intégration. Quelqu'un peut afficher ou expérimenter des qualités empathiques à travers cette expérience et si son ressenti est extrême au cours de ce processus, il peut le demeurer ensuite. L'empathe éveillé doit posséder des outils pour gérer sa toute nouvelle nature afin d'utiliser sa sensibilité accrue comme un cadeau qui le servira et servira les autres.

LE POUVOIR CACHÉ DE L'EMPATHIE

Un empathe a le pouvoir de libérer, de retenir, d'accroître ou de modifier l'énergie par sa seule présence. En entrant en contact avec d'autres personnes, lieux et objets, il peut recevoir ou transformer leur énergie. Il existe de nombreuses façons de procéder. Ainsi, si j'ai une conversation difficile avec une personne et désire modifier l'énergie de notre échange, je visualise entre nous une rose. Je suis toujours stupéfaite par le changement subtil induit par le transfert de l'énergie. Il existe des moyens physiques de la déplacer. L'un d'eux (que je pratique régulièrement chez moi ou lors de mes voyages) concerne l'intention et requiert l'utilisation d'un autel. Vous pouvez utiliser divers objets sacrés tels que des bougies, des cartes d'oracle ou des fleurs fraîches ; ou encore la fumée sacrée des plantes séchées de votre jardin. Vous pouvez tout aussi bien faire de l'exercice, danser, écrire un journal, expulser vos tensions en criant dans un oreiller, procéder à un grand nettoyage, prendre un bain ou vous promener dans la nature.

De nombreux empathes l'ignorent et se sentent victimes de l'énergie avec laquelle ils établissent un contact. En conséquence, ils considèrent souvent que le monde qui les entoure est violent. Je pense que si davantage d'empathes savaient que leur sensibilité avait le potentiel de devenir une force et un outil transformateur, le monde serait différent.

Cette sensibilité peut être un outil et un don puissants, mais si nous ignorons comment la gérer, l'utiliser et en assumer la responsabilité, nous pouvons nous perdre, douter et souffrir d'une faible estime de nous-mêmes ainsi que d'un sentiment de surstimulation ; ce qui risque à terme d'affecter notre santé, de nous isoler et de nous empêcher d'embrasser pleinement notre être et la raison de notre présence sur Terre.

Un empathe a le pouvoir de recevoir et de déplacer consciemment l'énergie – autrement dit, sa présence a le potentiel d'induire des modifications énergétiques. Mais s'il l'ignore, il peut absorber et renvoyer inconsciemment la même fréquence.

En raison de sa sensibilité accrue, l'empathe risque de ressentir un sentiment de surstimulation et d'accablement. C'est pourquoi une pratique régulière pour différencier ce qui lui appartient, ce qui appartient aux autres et comment gérer cette énergie est essentielle. La plupart des empathes n'ont pas acquis ces outils dès leur plus jeune âge et, dès lors, préfèrent fuir un monde qu'ils estiment « cruel » pour contrôler l'afflux énergétique et éviter d'être submergés ; en éprouvant le sentiment de toujours vivre dans « l'excès ».

De nombreux empathes ont été élevés par des parents qui ignoraient comment leur apporter un soutien. En conséquence, ils ont dû apprendre des techniques de survie et croient devoir éviter certaines situations, conversations ou certains sujets parce qu'ils n'ont pas la force de les affronter autrement qu'en les éliminant sur le plan énergétique.

Je connais de nombreux empathes qui, dans une soirée, un concert ou un espace fréquenté, ont pour habitude de localiser immédiatement les toilettes et la sortie au cas où ils éprouveraient le besoin impérieux de quitter les lieux. Si passer du temps seul pour se ressourcer et se vider émotionnellement et énergétiquement est essentiel au bien-être de l'empathe, cette gestion de son énergie et de ses émotions risque de rompre le lien qui l'unit aux autres et de l'empêcher de s'engager pleinement dans sa mission d'âme.

Je le sais pour l'avoir vécu. Enfant, je m'isolais de ma famille et passais de longues heures dans ma chambre lorsque j'atteignais la limite de ma surcharge émotionnelle et ignorais comment la gérer. J'ignorais également que j'éprouvais ce sentiment de saturation parce que j'avais absorbé les émotions non ressenties de mon entourage ; mais surtout, que je pouvais choisir de les recueillir ou non et de développer mon pouvoir de déplacer cette énergie selon ma volonté.

Plus tard, j'ai eu recours à certains procédés comme éviter de me rendre à une soirée ou dans un lieu public parce que j'ignorais comment maîtriser l'afflux des émotions et des sentiments qui m'assaillaient. Entre 20 et 30 ans, j'avoue avoir eu recours à l'alcool et à la nourriture pour gérer cette sensation.

Si nous nous croyons victimes de l'énergie qui nous entoure lorsque nous ressentons des émotions en nous ou autour de nous, nous devenons susceptibles de perpétuer cette énergie, qu'elle soit souhaitable ou indésirable, sans être conscients d'avoir le choix.

Transmuter l'énergie n'est pas la contourner. L'empathie peut être un don merveilleux et il importe de l'intégrer, de l'ancrer dans sa vie et d'en assumer la responsabilité.

DEVENIR UN VÉRITABLE EMPATHE

Le véritable empathe considère sa sensibilité comme un don et sait comment la gérer. Il considère sa nature comme un pouvoir plutôt que comme un handicap qu'il ne parvient pas à maîtriser. Il n'estime pas être une victime de l'énergie du monde et n'évite pas ce qu'il voit, ressent et expérimente.

Il sait qu'il n'est pas seulement capable de lire l'énergie, les émotions et les sentiments qui l'entourent, mais qu'il peut choisir de les recevoir/absorber, de s'en détacher ou – et c'est là que réside son véritable pouvoir – de les modifier. Il sait qu'il peut choisir comment agir et réagir face à cette énergie qu'il a la capacité de transformer, mais aussi qu'il est à même de façonner les émotions et les sentiments pour lui-même, au nom des autres et pour le collectif.

Tel devrait être le rôle de l'empathe aujourd'hui. Pour mener à bien sa mission et s'ancrer, il doit toutefois comprendre que sa capacité à absorber, à traiter ou à déplacer les émotions et l'énergie est une force plutôt qu'une faiblesse qu'il ignore comment maîtriser (ou dont il est la victime).

Un véritable empathe sait qu'il peut déplacer l'énergie par sa seule présence. Il contrôle sa sensibilité et la considère comme un outil puissant. Il connaît sa place dans le monde, a appris à transmuter et à alchimiser cette énergie, et à assumer la responsabilité de son don au travers d'actions quotidiennes concrètes.

Aujourd'hui plus que jamais, nous avons besoin d'empathes pour vivre en bonne santé, être autonomes, stimulés et confiants. Aujourd'hui plus que jamais, nous avons besoin qu'ils revendiquent leur pouvoir de transmuter l'énergie et s'imposent comme les alchimistes de cette énergie, mais aussi des émotions et des sentiments. Aujourd'hui plus que jamais, nous avons besoin qu'ils sortent de la clandestinité et s'unissent pour insuffler un réel changement grâce à une action concrète et un traitement actif de leur ressenti.

Devenir un véritable empathe demande du temps et de la pratique. S'il se trouve à une extrémité du spectre, l'empathe indécis se trouve à l'autre extrémité.

Voici quelques-unes de leurs caractéristiques qui pourront vous permettre de savoir où vous vous situez sur ce continuum.

Caractéristiques du véritable empathe

- Il sait comment gérer l'énergie environnante et déterminer ainsi celle qui lui appartient et celle qui appartient aux autres.
- Il sait maîtriser son énergie et exercer une pratique quotidienne pour faire le vide en lui sur le plan énergétique.
- Il peut assumer la responsabilité de son bien-être énergétique de manière autonome.
- Il définit clairement ses limites et assume la responsabilité de ses besoins.
- Il sait qu'il peut choisir quand « absorber » une énergie et quand la déplacer.

- Il se sait capable de contrôler sa capacité à ressentir, déplacer et gérer l'énergie.
- Il ne fuit pas et n'évite pas l'inconfort de peur que celui-ci le détruise parce qu'il sait comment le vivre, s'engager et évoluer à travers lui.
- Il choisit activement ce qu'il absorbe, ce dont il doit se séparer et ce qu'il doit transmuter.
- Il ne passe pas sous silence ou n'évite pas les vérités, les conversations ou les expériences difficiles.
- Il est ouvert à la guérison de tout événement traumatisant qui l'a rendu hypervigilant, codépendant ou lui a donné le sentiment d'être victime de l'énergie du monde.
- Il active sa mère intérieure et est en mesure de pratiquer de véritables soins personnels.
- Il sait qu'il peut choisir quand recevoir l'énergie afin de l'alchimiser et la recevoir par désir de l'absorber ou de fusionner avec elle.
- Il sait comment transformer ses sentiments en action pour éviter la stagnation et l'accablement.
- Il utilise activement des outils tels que la nature, la méditation, la danse, l'exercice et d'autres formes d'expression pour éviter l'accumulation ou la stagnation de l'énergie.

Caractéristiques de l'empathe indécis

- Il pense n'avoir aucun pouvoir sur l'énergie avec laquelle il se connecte.
- Il ignore comment gérer son énergie et celle qui l'entoure et peut ne pas savoir différencier celle qui lui appartient et celle du monde extérieur ou d'autrui.

- Il est submergé par son ressenti et croit que sa seule option est de s'isoler pour éviter l'épuisement.
- Il se croit victime des énergies hostiles du monde.
- Il fuit les conflits ou les situations inconfortables.
- Il ignore qu'il peut absorber ou transformer – ou non – l'énergie environnante.
- Il est souvent désorienté par ses sentiments et a du mal à faire la distinction entre les siens et ceux des autres.
- Il craint de mettre en place des limites claires.
- Il s'engage dans des relations codépendantes.
- Il peut être prisonnier d'une réaction de lutte, de fuite ou de paralysie.

À la page 225, vous trouverez l'outil du véritable empathe qui vous aidera à vous identifier, à faire le tri de vos sentiments empathiques et à décider comment les utiliser, à les traiter, ainsi que les énergies recueillies au cours de la journée. Je vous recommande de recourir à ce support, ou à un outil similaire, sur une base régulière.

L'ENQUÊTE DE L'ÂME

Sur l'échelle ci-dessous, indiquez où vous pensez vous situer actuellement :

Non-empathe (faible sensibilité) — Empathe (grande sensibilité)

Si vous vous considérez comme empathique,
indiquez où vous pensez vous situer actuellement.

Véritable empathe — Empathe indécis

Qu'êtes-vous appelé à faire pour revendiquer votre sensibilité
comme un don et l'ancrer davantage ?

△

L'OUTIL DU VÉRITABLE EMPATHE

Dans un journal, un cahier ou sur cette page, remplissez les blancs.

1. Je me sens…

Notez tous les sentiments ou énergies que vous ressentez actuellement. Par exemple : « Je me sens noué. »

____

____

2. À qui/à quoi appartient ce sentiment ?

Reliez chaque sentiment ou énergie répertorié à la première étape en le connectant à la « maison » qui décrit le mieux sa source. Par exemple : « Ma nervosité est due à mon ami (quelqu'un d'autre). »

Moi-même	Quelqu'un d'autre (Qui ?)	Lieu	Objet

3. Je décide

Décidez de ce que vous voulez faire de ce sentiment (ou cette énergie) :

Le libérer	Le déplacer	Le retenir	L'approfondir ou le développer

4. J'entreprends une action concrète

Notez votre réaction à ce sentiment ou cette énergie. Quelle action concrète allez-vous entreprendre pour la libérer, la déplacer, la retenir, l'approfondir ou la développer ?

____

____

5. Je verbalise cette action

Créez un énoncé d'action en associant vos réponses aux quatre étapes précédentes à l'aide du modèle ci-dessous. Par exemple :
« Je me sens noué : à cause de la conversation que j'ai eue ce matin avec Terry et je décide : de libérer ce sentiment ou cette énergie : en écrivant dans mon journal et en allant courir. »

Je me sens *(votre réponse à la première étape)* **:**

____

____

À cause de *(votre réponse à la deuxième étape)* **:**

____

____

Je décide *(votre réponse à la troisième étape)* **:**

____

____

En *(votre réponse à la quatrième étape)* **:**

____

____

Dissocier son être des problèmes du monde

Il est inutile de faire passer l'énergie du monde par votre être.
Il est inutile d'essayer de porter le poids du monde sur vos seules épaules.

Il est inutile de laisser les problèmes du monde vous submerger.
Il est impossible d'agir si vous êtes accablé.
Le travail d'une vie est irréalisable sans comportement stable.
Sauver le monde ne relève pas de votre mission personnelle.

Commencez là où vous êtes.
Portez ce qui est devant vous.
Soyez responsable de ce qui vous appartient.

Faites ce que vous pouvez faire.
Manifestez-vous, jour après jour.
Restez ancré, transformez ce que vous pouvez transformer
et évoluez au travers d'actions quotidiennes.

Faites preuve d'un esprit rebelle et reposez-vous intensément
afin de pouvoir vous réveiller et recommencer encore et encore.
Ce n'est pas un sprint.
Vous avez besoin de temps.

△

TRANSMUTER L'ÉNERGIE EN ACTION

Ne laissez pas l'énergie actuelle induire votre fuite ou vous paralyser. C'est le moment d'agir. L'action ne doit pas nécessairement être « réactionnaire ». Le repos aussi peut être considéré comme une action. Rester chez vous et faire du pain peut s'avérer *révolutionnaire*. Ne vous complaisez pas dans l'accablement. Trouvez le moyen, modeste ou important, de ne pas devenir la victime de l'énergie environnante. Utilisez cette énergie. Acceptez les émotions intenses. Confondez l'énergie avec le mouvement. Ancrez-la. Transmutez-la en une action consciente.

Si vous êtes en colère, demandez-vous ce que vous pouvez faire pour transformer cette énergie. La rage, la frustration, la désillusion, le chagrin, la peur, le désespoir ont tous le potentiel d'être « alchimisés » et transformés. Mais ces émotions doivent tout d'abord être ressenties. La passion est la colère alchimisée. Relevez-vous. Ne fléchissez pas. Conduisez-vous comme vous le souhaitez. Reposez-vous en profondeur. Transformez-vous.

Vous n'avez pas besoin de vouloir sauver la planète pour transmuter l'énergie en une force bénéfique. Utilisez-la comme bon vous semble. Ne restez pas figé. Assimilez. Vous pouvez être appelé à protéger. À vous exprimer. À faire entendre votre voix ou à devenir la voix de ceux qui n'en ont pas.

Vous pouvez également être appelé à créer un changement dans votre vie. Dans votre corps, votre constellation, votre esprit, votre système nerveux. Dans vos cellules. Dans votre jardin. C'est ainsi que naissent les œuvres les plus belles et les plus émouvantes, que les sauts quantiques deviennent réalisables et que nous pouvons induire un mouvement dans la masse critique.

Acceptez que les heures que vous vivez aujourd'hui vous incitent à l'action. Quelle que soit cette action. Vous pouvez protester, peindre, aimer. Écrire, trier, danser ou parler. Courir, nager, rédiger des pétitions, manifester ou offrir un soutien, chanter ou créer – l'essentiel est que vous agissiez. Que vous exploitiez cette énergie, cette peur, cette agressivité, cette tristesse, ce privilège, cette complaisance. Que vous exploitiez *tout* ce que vous ressentez et vivez.

Le système nerveux de la planète est en pleine session de « recalibrage ». Le nôtre aussi. Nous sommes les créateurs de ce nouveau monde, l'avenir de l'homme. Nous sommes dans le creuset du feu. Nous pouvons utiliser sa chaleur, la transformer en un outil utile. Ensemble, nous pouvons donner naissance à une nouvelle ère humaine.

L'ENQUÊTE DE L'ÂME

Quelles émotions ressentez-vous dans votre corps ?

Comment êtes-vous appelé à utiliser ou à transformer cette énergie ?

Que la Terre vous appelle-t-elle à accomplir ?

△

LES OUTILS POUR SEMER LA LUMIÈRE ET S'ENRACINER

Nous sommes tous des enfants des étoiles et de la Terre. Les étoiles répandent constamment des informations sur la grille cristalline de la Terre et la Terre renvoie des informations vers les étoiles. De nombreux êtres stellaires sont venus sur Terre pour activer les anciens codes de sagesse oubliés par l'humanité et ces données sont mémorisées dans sa grille cristalline.

Les méditations suivantes sont mes outils préférés pour ensemencer la lumière de notre âme et nous enraciner. Elles permettent d'être le pont entre les cieux et la Terre, si fondamental aujourd'hui. Ancrées dans la nature, elles nous connectent aux forces universelles de la Terre et du cosmos. Faites confiance à celles qui vous appellent.

Vous pouvez vous enregistrer en train de lire ces méditations à voix haute ou, si vous préférez, utiliser les versions disponibles sur www.letterstoastarseed.com.

△

LE POULS DE LA TERRE

Un pouls mystérieux vibre en toute Vie. La Terre possède son propre rythme, discernable dans les saisons et les marées. Elle est connectée à l'impulsion qui induit le mouvement des planètes. Il est facile de s'enliser et de se sentir décalé dans ce monde de lumière artificielle, de longues heures de travail, de confort et de libre arbitre.

La méditation du pouls de la Terre est mon outil préféré pour m'abandonner aux vibrations de la planète et de l'Univers tout entier car notre planète fait partie de l'Univers magique et infini dans lequel nous vivons. J'ai tout d'abord créé cette pratique pour m'abandonner au féminin – comme un moyen de faire la transition entre ma volonté personnelle et celle de la Grande Mère. Elle est un outil puissant pour rajeunir, s'abandonner, réparer ses cellules et accepter l'étreinte de la Terre. Elle est aussi incroyablement simple et puissante.

LA MÉDITATION DU POULS DE LA TERRE

Allongez-vous sur la Terre (si vous ne pouvez pas sortir, allongez-vous chez vous sur le sol et imaginez-vous dans la nature).

Dirigez votre attention vers votre cœur en vous concentrant sur sa partie la plus proche du sol. Lorsque vous inspirez, regardez la fleur de votre âme s'épanouir. Ralentissez votre respiration afin de la diffuser dans votre ventre et invitez l'oxygène à voyager et à nourrir chaque cellule de votre être.

Connectez-vous au pouls de votre cœur. Ralentissez le vôtre. Laissez-le s'apaiser. Sentez-le battre contre la Terre.

Connectez-vous au pouls de la Terre. Au pouls de la Mère. Au pouls connecté à toutes choses de la Vie. Sentez la Grande Mère et les Grands-Mères vous étreindre et vous ramener à votre rythme naturel. En respirant profondément, invitez votre pouls à ralentir et à se synchroniser au rythme de la planète, de la Grande Mère. Permettez-lui de s'abandonner à ce rythme mystérieux tissé à travers toute Vie. Abandonnez-vous à lui. Laissez votre cœur battre en harmonie avec le pouls de la Terre, de la Grande Mère et de toute Vie. Prenez une dernière respiration en montrant votre respect et votre reconnaissance pour cette mystérieuse pulsion de Vie.

△

LE PILIER DE LUMIÈRE

Rien n'est plus puissant que la lumière. La véritable lumière est vive, elle n'est pas immatérielle et rien ne peut la pénétrer. Si nous nous ouvrons à elle, nous pouvons devenir le canal qui lui permettra de se répandre depuis la Source illimitée des cieux et de la Terre.

Je pratique souvent la méditation du pilier de lumière. Certains jours, elle est ma méditation principale, mais il m'arrive aussi de recourir à sa version rapide plusieurs fois par jour : pendant que je fais la vaisselle, que je suis assise à mon bureau ou que je me promène.

Vous pouvez la pratiquer à tout moment – en préparant le dîner ou en méditant assis ou debout, lorsque vous éprouvez un sentiment de peur ou un désir de protection. Elle vous connecte à la force de Vie, renforce votre champ énergétique, vous relie à la puissance de la lumière qui brille au-dessus et en dessous de vous. Vous devenez le pont entre les deux. Ce qui est en haut est comme ce qui est en bas.

La méditation du pilier de lumière renforce votre système énergétique et apaise votre système nerveux. Elle active votre corps de lumière, vous connecte à la sagesse de la Terre et des cieux, enracine votre âme dans votre corps et vous ouvre à de nouveaux niveaux de réception et au flux universel. Elle vous aide à ancrer le ciel sur Terre (ce qui est en haut est comme ce qui est bas).

Plus vous la pratiquez, plus le pilier de lumière s'élargit. L'objectif est qu'il devienne plus large que votre corps physique. Mais, comme pour tout, vous devez travailler pour y parvenir ; au début, il peut vous paraître plus fin que votre colonne vertébrale.

LA MÉDITATION DU PILIER DE LUMIÈRE

Ralentissez votre respiration – inspirez et expirez très profondément en gonflant, puis en contractant votre ventre. Si cela vous procure une sensation de bien-être, vous pouvez fermer les yeux. Imaginez que vous absorbez tout ce dont vous avez besoin en cet instant précis.

Visualisez une boule de lumière dans les cieux – la Source d'énergie illimitée qui ne se tarit jamais – et un pilier/canal de cette énergie pure de lumière descendant des cieux.

Ouvrez votre chakra couronne au sommet de votre crâne afin de recevoir ce puissant pilier de lumière issu de la Source ; pour qu'il se diffuse vers le centre de votre corps. Attirez-le depuis le sommet de votre crâne à travers votre corps tout entier, jusqu'à votre chakra racine à la base de votre colonne vertébrale, puis le long de vos jambes. Laissez-le se répandre dans la Terre, traverser ses strates jusqu'au cristal bleu lumineux qui scintille en son cœur. Imaginez la source de lumière cosmique pure de l'Univers/des cieux qui s'écoule à travers lui.

À présent, autorisez-vous à recevoir un autre pilier/canal de lumière – cette fois, depuis le cristal au centre de la Terre. Autorisez-le à voyager à travers les différentes strates de la Terre, la croûte terrestre, remonter dans vos jambes, traverser votre corps, au-delà de l'espace de votre cœur, hors de la couronne de votre tête et jusqu'à la boule de Source illimitée d'énergie venue des cieux.

Continuez à recevoir ce pilier d'énergie de lumière pure d'en haut et d'en bas – qui permet un échange entre les cieux et la Terre cosmique. Alors que ce pilier s'élargit, imaginez qu'il vous ressource et crée un champ de protection, en sachant que rien ne peut pénétrer la lumière. Plus le pilier de lumière s'élargit, plus vous êtes protégé et ressourcé. Continuez à recevoir cette lumière d'en haut et d'en bas, la lumière intelligente des cieux et de la Terre ancestrale. Respirez profondément, conscient d'ancrer ainsi le paradis sur Terre.

△

LE BAIN D'ÉTOILES

Cette très belle méditation nous connecte au cosmos. Lorsque les gens se baignent dans les étoiles, ils éprouvent un sentiment d'immensité et d'émerveillement, ainsi que le potentiel pour recevoir l'intelligence et les informations des astres eux-mêmes. Si le concept de l'être stellaire résonne en vous, vous pouvez vous connecter aux systèmes auxquels vous vous sentez le plus lié, recevoir des informations ou des souvenirs énergétiques. Lorsque vous accueillez cette manne, ouvrez toujours l'espace sacré de votre âme (voir le chapitre « Les Annales akashiques », page 65) afin d'offrir un réceptacle.

Le sentiment d'émerveillement ressenti lorsque nous contemplons les étoiles résonne chez la plupart des gens. Un bain d'étoiles nous emporte au-delà, permettant à l'énergie du ciel nocturne de pénétrer notre champ énergétique afin de nous faire évoluer au sein de la puissance et des opportunités du grand inconnu. Il nous offre un sens élargi de la perspective lorsque nous nous connectons à quelque chose de plus grand que nous-mêmes ou à toute question ou tout problème de ce monde. Des études ont démontré que ce sentiment d'émerveillement peut accroître la générosité, le bonheur et la capacité à prendre des décisions.

Le bain d'étoiles est également excellent pour la créativité et l'intuition. Lorsque vous prenez le temps de vous y prélasser, votre cerveau droit (responsable de la pensée créative et intuitive) est activé. Je pense que des créations et une conscience attendent de naître aujourd'hui sur cette planète. Ainsi, si vous êtes créateur, entrepreneur ou inventeur, vous pouvez choisir de consacrer ce moment à recevoir l'inspiration et les idées impatientes de naître à travers vous en ce moment précis, mais aussi l'énergie apaisante et curative que les étoiles souhaitent vous insuffler !

LA MÉDITATION DU BAIN D'ÉTOILES

Pour commencer, allongez-vous dans la nature ou chez vous, sur le sol, sur un lit, et fermez les yeux. Mettez-vous à votre aise et passez en mode « réceptif ».

Relâchez toutes les tensions corporelles en respirant très profondément et en retenant votre souffle cinq secondes. Puis expirez et expulsez tout ce que votre corps retient. Grâce à cette respiration libre et profonde, autorisez-vous à un abandon total et préparez-vous à recevoir.

Imaginez-vous sur une île tropicale. L'air est chaud et agréable et vous êtes allongé sur une herbe verte, luxuriante et drue. Vous sentez sous votre corps les palpitations de la Terre.

Concentrez-vous sur une étoile en particulier ou sur un groupe d'étoiles et laissez-la/les vous attirer. Respirez et sentez sa/leur lumière se répandre sur vous.

Autorisez-vous à recevoir les émanations de cette lumière stellaire au centre de votre cœur et dans chacune de vos cellules. Notez l'intensité de cette douche cosmique – sa puissance et sa douceur.

Alors que les étoiles vous inondent de leur lumière céleste, ouvrez-vous pour accueillir votre nature cosmique et stellaire et la mémoire de votre moi cosmique et stellaire, des origines de votre âme.

Reportez progressivement votre attention sur la pièce dans laquelle vous vous trouvez en bougeant les doigts et les orteils. Puis ouvrez lentement les yeux et reprenez possession de l'ici et maintenant, avec la sensation d'être pleinement régénéré et vivant.

LES CODES DE LUMIÈRE

La troisième méditation d'activation est la méditation des codes de lumière. Ici, nous nous connectons à la puissance et à la fréquence énergétique du soleil. Vous pouvez pratiquer cette méditation à l'extérieur s'il ne fait pas trop chaud. Sentez les émanations vibrantes de ses rayons vous pénétrer.

Il s'agit d'une méditation de mise à niveau cellulaire dans laquelle vous recevez les codes de lumière du soleil. Je crois qu'il existe un lien universel entre la réception de ces codes et les modifications cellulaires. Absorber consciemment les rayons du soleil (en prenant soin d'éviter les coups de soleil) peut offrir des bénéfices à long terme car l'ADN est activé par les codes de lumière qui accroissent la lucidité et la conscience spirituelle.

LA MÉDITATION DES CODES DE LUMIÈRE

Allongez-vous à l'extérieur, sur la Terre, ou chez vous sur le sol ou sur un lit. Si vous trouvez plus confortable de vous asseoir, installez-vous le dos bien droit.

Commencez par fermer les yeux, puis ouvrez-vous afin de recevoir la lumière et les codes présents à l'intérieur du soleil. Respirez et sentez ses rayons ruisseler sur votre visage et votre corps.

Respirez et visualisez ces codes porteurs d'informations destinées à parfaire vos cellules, votre ADN, d'une guérison profonde, de ce que vous désirez le plus au monde. Respirez-les, accueillez-les.

Acceptez la régénération totale de l'énergie solaire. Respirez et sentez-vous ressourcé, ranimé et ressuscité. Accueillez les codes de lumière du soleil.

Lorsque vous êtes prêt, inspirez profondément et étirez-vous de façon à ressentir le maximum de bien-être. Commencez par bouger vos doigts et vos orteils. Ouvrez les yeux et préparez-vous à vivre votre journée avec la merveilleuse sensation d'être régénéré et « rechargé ».

LES DOUCES EAUX CURATIVES

Cette méditation permet de puiser dans les douces eaux curatives de la Terre-Mère qui emplissent les puits sacrés du monde entier, mais aussi dans la mémoire précédant notre incarnation lorsque nous errions entre les mondes – dans le monde aquatique du ventre de notre mère où tous nos besoins étaient satisfaits et où nous connaissions la raison qui nous avait décidés à nous incarner sur la Terre.

Cette méditation d'activation apaisante insuffle une régénération profonde et est idéale lorsque vous vous sentez épuisé, stérile ou ressentez un besoin de guérison.

LA MÉDITATION DES DOUCES EAUX CURATIVES

Trouvez un lieu où vous éprouvez un réel bien-être. Si possible, je vous recommande de vous allonger dans la nature ou, à défaut, chez vous sur le sol ou sur un lit. Vous pouvez également pratiquer cette méditation dans un bain chaud. Commencez par fermer les yeux et détendez votre corps. Inspirez et expirez profondément, apaisez chaque parcelle de votre être en vous ouvrant à un état de guérison profonde.

Imaginez devant vous les plus belles sources naturelles que vous ayez jamais vues. Les eaux curatives de la nature. Les eaux de la Grande Mère. Plongez dans ses eaux et laissez-vous porter. Laissez-vous bercer par leur chaleur. Elles vous étreignent et vous flottez sans effort.

Absorbez tous les minéraux, l'eau et la régénération dont vous avez besoin.

Respirez et ressentez votre légèreté, comme si vous étiez en état d'apesanteur. Respirez et autorisez-vous, ainsi que votre corps, à accueillir tout ce dont vous avez besoin aujourd'hui. Autorisez-vous à vous imprégner des douces eaux curatives de cette sublime source naturelle.

Respirez et accueillez la régénération. Laissez chaque partie de votre corps, de votre esprit et de votre âme s'apaiser. Respirez et flottez sans effort. Respirez et abandonnez-vous. Respirez et imprégnez-vous de leurs bienfaits. Respirez et guérissez.

Autorisez-vous à vous enivrer de ces eaux curatives connectées aux eaux les plus sacrées de la planète. Respirez et absorbez la guérison. Respirez et guérissez. Respirez et étanchez la soif profonde de votre corps, de votre esprit ou de votre âme. Respirez et laissez les eaux curatives se répandre en vous. Respirez et flottez. Respirez et guérissez. Respirez et revenez à votre plénitude. Respirez et souvenez-vous de la raison de votre incarnation.

Inspirez profondément et quittez doucement cette source naturelle. Imaginez que vous vous séchez avec une serviette douce et moelleuse.

Régénéré et guéri, commencez à revenir ici et maintenant et ouvrez les yeux.

△

LA GRANDE CONSTELLATION

Le mot celte *Imrama* signifie « voyage de l'âme » – un voyage dont nous ignorons la destination, mais dont notre âme connaît la voie. De nombreux êtres stellaires ont déjà été guidés vers des lieux physiques sur Terre. Pour certains, ce voyage a pu prendre la forme d'un voyage intérieur, pour d'autres, il a pu s'agir d'un déplacement physique ; si celui-ci est impossible, la connexion peut s'établir d'une manière non physique.

Ces lieux peuvent être des sites sacrés, énergétiquement intenses ou liés à nos ancêtres. Ceux-ci connaissaient les sites puissants de la planète, et dans de nombreuses cultures, notamment aztèques et mayas en Amérique centrale et dans l'Égypte ancienne, des temples et lieux de culte étaient érigés dans un parfait alignement avec les étoiles. Vous trouverez plus de détails à ce sujet dans le chapitre « Revenir au passé », page 37.

Les lignes énergétiques sont des voies invisibles le long desquelles se déplace l'énergie. Nous pouvons les ressentir avec nos sens subtils. Également connues sous le nom de « chemins spirituels », elles sont comparées aux méridiens du corps de la médecine chinoise et relient des sites sacrés, des cercles de pierres, des tertres funéraires et des lieux de culte dans le monde entier.

Je vis et travaille sur la ligne énergétique Mary dans le Somerset, en Angleterre, et ma promenade matinale me mène au point de jonction des lignes Mary et Michael. Pendant de nombreuses années, j'avais été guidée (le plus souvent spontanément) vers la terre où je vis aujourd'hui. À l'époque, je n'avais pas d'enfants et dirigeais ma propre affaire, il m'était donc facile de suivre cet appel et de travailler lors de mes déplacements.

Dans la culture aborigène australienne, les chemins des rêves étaient les voies parcourues par les créateurs de la terre et de la mer pendant le *Dreaming* ou « Temps du rêve ». Ces chemins enregistrés dans les chants et les danses traditionnels permettaient d'accéder à des informations sur l'histoire de la Terre et de parcourir d'immenses distances en toute sécurité.

Lorsque nous voyageons vers des lieux dont notre âme se souvient, un changement se produit – en nous et sur la planète. Les anciens codes d'un passé lointain sont activés au cœur de nos cellules, de notre âme et de la Terre elle-même. Nous pouvons être appelés à traverser un pays, escalader une montagne, nous allonger sur le sable du désert ou nous désaltérer à un ancien puits.

Êtes-vous invité à voyager vers un lieu sacré dont votre âme se souvient ? Ou à entretenir la terre sur laquelle vous vivez ? À honorer et à reconnaître les gardiens, les tuteurs ou les esprits connus et inconnus de la Terre ? Au fur et à mesure que vous vous connectez à elle et honorez ses gardiens, elle s'ouvre davantage pour vous accueillir ; ses fruits vous offrent votre subsistance et ses gardiens veillent sur vous.

Si vous êtes appelé à visiter un lieu dont votre âme se souvient et qui diffère de ceux de votre lignée ancestrale, il importe toujours d'être attentif et de donner en retour. Respectez les personnes et les cultures qui ont été les gardiens de ces lieux et rendez généreusement.

Lorsque nous visitons des sites sacrés, nous pouvons puiser dans leur sagesse ancienne. Souvent, des graines de lumière se réveillent en nous et sur Terre, et cet éveil fait partie du concept d'ensemencement de la lumière.

Les mythes anciens évoquent l'existence de terres perdues, au-delà de l'Histoire connue. Selon certains, ces terres perdues existaient dans le passé, selon d'autres, elles existent toujours aujourd'hui dans une dimension distincte. Comme toujours, je vous encourage à mener vos propres recherches et à décider par vous-même.

La grille cristalline de la Terre chante l'ancestral et la sagesse. Les énergies stellaires se déversent sur elle et elle renvoie des informations. Les êtres stellaires sont appelés dans certains lieux sur cette grille. Afin de s'ancrer et de semer, de veiller et de protéger. Lorsque vous visitez un lieu où vous avez été appelé, quelque chose se libère dans ce lieu et en vous.

L'ACTIVATION DES ÊTRES STELLAIRES

« J'honore, je reconnais et je remercie les Gardiens de la Terre connus et inconnus qui sont sous moi et autour de moi.

Je m'ouvre pour activer, libérer et recevoir la sagesse de la Terre.

Merci, merci, merci.

Guidez-moi, conduisez-moi, montrez-moi le chemin. »

△ NOUS SOMMES SÉPARÉS MAIS UNIS

J'ai lu un jour que plus l'âme est ancienne, plus sa caverne est profonde. C'est probablement vrai. De nombreuses personnes qui s'identifient comme des êtres stellaires apprécient souvent de passer du temps face à elles-mêmes ; un temps réconfortant et parfois nécessaire.

Adolescente, j'en éprouvais le besoin – quand ma famille se réunissait, je m'enfermais dans ma chambre. Je l'ignorais à l'époque, mais c'est ainsi que je parvenais à gérer mon « contact » avec la multitude de personnes que je côtoyais à l'école et dans les transports. Ma chambre était mon refuge. Le lieu où je pouvais me ressourcer, faire le vide en moi et entendre mon âme.

Cette situation a perduré quand j'ai commencé à travailler et devais faire la navette entre mon domicile et mon lieu de travail. Comme tant d'autres, je prenais chaque jour un train bondé. Comme beaucoup, j'avais besoin de temps seule pour me ressourcer. Devenue mère de famille, je peine à trouver ces moments ; les fenêtres sont plus étroites, mais je les saisis dès que j'en ai la possibilité. Il importe que je le sache afin de pouvoir faire de mon mieux pour répondre à mes besoins.

Beaucoup de gens trouvent plus enrichissant de s'isoler que de perdre leur temps à participer à des conversations et des relations dénuées de sens ou chaotiques. Aujourd'hui, ma vie est plus harmonieuse – parce que je sais qui je suis et peux donc l'aligner – et m'isoler est devenu moins vital. Même si j'éprouve toujours le besoin de retrouver ma grotte après avoir animé un atelier ou filmé un cours. La marée monte, la marée descend. Si vous avez un ami mère ou père célibataire qui n'a pas d'autre choix que d'être toujours actif, le plus beau cadeau que vous puissiez lui faire est de lui offrir du temps pour reconstituer son énergie.

S'il est normal d'avoir besoin de se protéger pour reconstituer nos réserves, nous devons aussi nous souvenir que nous ne sommes pas destinés à vivre seuls. Les humains sont semblables aux animaux vivant en meute. Ils ont besoin de l'amour, de la compagnie et du soutien des autres – émotionnellement et physiquement. Si l'un de vos amis vit seul, le plus beau cadeau que vous puissiez lui faire est de le serrer dans vos bras plus longuement que vous ne le feriez normalement.

Dans ce monde de plus en plus connecté, nous pouvons nous lier avec plus de monde que jamais et pourtant nous sentir plus seuls et isolés que jamais. Les effets secondaires énergétiques des réseaux sociaux sur lesquels tant de gens découvrent nos « actualités » nous sont encore largement inconnus. Quelle est leur incidence sur notre champ aurique ? Aucun lien ne surpasse le lien physique, sauf lorsqu'il émane d'une personne capable de discerner notre « vieille âme ».

L'ENQUÊTE DE L'ÂME

Comment pouvez-vous atteindre physiquement les gens dans votre vie ?

△

RECONNAÎTRE NOTRE ALTÉRITÉ COMME LE CHEMIN VERS L'UNITÉ

Parfois, reconnaître l'altérité est un chemin nécessaire vers une unité durable. En tant qu'âmes, nous nous souvenons intrinsèquement de cette unité et il est donc naturel d'aspirer à la retrouver une fois sur Terre. Peut-être est-ce pour cette raison qu'il est si douloureux de vivre une expérience contraire. Mais il est essentiel de nous rappeler que nous ne pouvons pas simplement ignorer la réalité et prétendre que l'unité, l'amour et le pardon existent. C'est l'un des plus grands défis des êtres stellaires.

Pour parvenir à une unité authentique, nous devons tout d'abord reconnaître les façons dont le monde et nous-mêmes sommes devenus des facteurs clivants (sur un plan personnel, ancestral et collectif) : au travers des ombres, de la haine, des blessures, de la séparation, des torts et de la tristesse. Personne n'échappe à cette tâche.

Il semble qu'en ces heures de grande évolution nous soyons appelés à revenir en arrière pour mieux avancer. À chevaucher le pendule de la Vie alors qu'il oscille et nous rassemble pour nous aligner. Il est vital pour nous de reconnaître ce qui a été rompu, de quelle manière nous avons été divisés et divisons (notre altérité) afin de retrouver notre chemin l'un vers l'autre (notre unité).

Nous sommes tous appelés à maintenir la vision d'une véritable unité et, simultanément, à retisser le fil sacré de l'humanité rompu par une action guidée et concrète.

Nous vivons une époque de division. Lorsque nous sommes blessés et piqués émotionnellement, nous avons tendance à considérer la situation comme une attaque personnelle plutôt qu'une opportunité de guérison. Si nous voulons trouver la paix et l'unité, nous devons faire tomber nos défenses et considérer les choses selon Rumi – en les voyant hors du bien et du mal. Pour nous élever et plonger profondément en nous, nous rappeler que nous sommes venus sur Terre pour nous acquitter de cette mission et appartenons tous à la famille humaine.

Beaucoup parmi ceux qui ont choisi de s'incarner aujourd'hui sont appelés à explorer la façon dont nous, mais aussi nos ancêtres et la société, avons infligé – consciemment et inconsciemment – des souffrances à autrui. À accepter que les systèmes dont nous tirons les leçons et dans lesquels nous vivons doivent s'effondrer pour être reconstruits, que la véritable unité demeurera irréalisable tant que nous ne serons pas tous considérés précieux, sacrés et saints.

Beaucoup parmi ceux qui ont choisi de s'incarner ici et maintenant sont invités à abandonner leur armure et à voir les choses telles qu'elles sont en réalité. Dire « Je suis désolé » le cœur ouvert et le penser au plus profond de soi. Faire partie du processus de guérison plutôt que perpétuer un conflit ou une oppression héréditaire. Jouer son rôle, à son échelle, en guérissant ses lignées ancestrales grâce à sa propre guérison. Il ne s'agit pas d'accuser, d'avoir honte ou d'atteindre un état de guérison statique – mais de dérouler le schéma qui nous a amenés ici et d'ouvrir nos cœurs à nous-mêmes, à la Terre, et les uns aux autres. Reconnaître que nous sommes là.

L'ENQUÊTE DE L'ÂME

Comment avez-vous été appelé à abandonner vos défenses et à vous libérer des erreurs passées ? De quoi êtes-vous désolé ?

LA DÉVOTION NE S'ACHÈTE PAS

Être un leader en des temps ordinaires est déjà considérable en soi, mais être un leader en ces heures de grands bouleversements est une tout autre histoire. Puisque vous lisez ces lignes, vous êtes probablement appelé à le devenir. Et ces heures sont tumultueuses.

Il est impossible de guider de manière durable sans être guidé de l'intérieur. Je n'aurais donc qu'un conseil : écoutez toujours votre guide intérieur. Connectez-vous à la sagesse de votre âme et agissez en conséquence. Prêtez attention à votre voix intérieure plus qu'à tout apport extérieur. Faites confiance à l'intelligence qui a été semée en vous et à laquelle vous avez accès à chaque instant, chaque jour.

La meilleure façon de suivre votre guide intérieur est d'entrer en vous sur une base régulière – de développer une pratique dévotionnelle avec vos racines les plus profondes. Plus vous serez présent, plus votre voix se clarifiera et plus vous vous enracinerez. Plus votre voix se clarifiera, plus il deviendra facile d'accorder votre confiance. Et plus vos racines seront profondes, plus vous resterez inébranlable face aux opinions extérieures, aux jugements, aux projections et aux pressions.

La pratique dévotionnelle varie d'une personne à l'autre et peut changer significativement au fil du temps. Plus vous acceptez votre guide intérieur, plus il devient facile de guider. Laissez-vous guider par votre âme. Plus vous avancez sur son chemin, plus vous êtes susceptible de recevoir des apports, des projections et des pressions du monde extérieur. Celui-ci vous réclamera toujours quelque chose et plus ceux qui comptent sur vous pour les guider seront nombreux, plus vous serez confronté à des opinions et des projections distinctes.

En tant que leader, il vous sera probablement demandé de faire des choses susceptibles de vous conduire sur des voies différentes. Qui pourront se révéler de merveilleuses opportunités ; toutefois, si un chemin n'est pas en phase avec celui de votre âme, sachez que ce chemin ne vous est pas destiné.

Plus vous devenez visible, plus il devient essentiel de tourner votre regard vers l'intérieur, de veiller à rester sur votre chemin et à le connaître en profondeur. De vous manifester sans hésiter ; et de toujours vous laisser guider par les graines qui ont été semées en vous.

La dévotion ne s'achète pas. Elle ne peut s'acquérir qu'en se manifestant jour après jour. Peut-être s'emporte-t-elle également de vie en vie.

En tant que leader de cette nouvelle ère, votre dévotion sera ressentie. Et votre discernement, valorisé.

Les gens sentent parfaitement si vous quêtez un gain personnel ou externe. Si vous êtes influencé par les perturbateurs extérieurs ou si vous êtes là pour eux, pour nous, pour vous. Jouez sur le long terme pour l'humanité. Mettez votre dévotion en avant.

Si nous réalisons une pratique dévotionnelle et développons la relation avec notre guide intérieur, connaître et faire confiance à notre chemin, rester en phase avec notre être spirituel deviennent plus naturels. Nous attirons ce qui nous est destiné et sommes en mesure de discerner ce qui ne l'est pas. Lutter, s'acharner, devient inutile. Nous passons de notre volonté à *votre* volonté. Nous cessons de contrôler et de manipuler, nous évoluons et œuvrons pour un abandon profond et véritable.

Mais pour y parvenir, la pratique dévotionnelle est essentielle. Que ce soit la méditation, le chant, la prière ou autres, ce qui compte est de toujours entretenir et d'utiliser ce qui est en vous. Plus vous vous adonnerez à cette pratique, plus vous serez soutenu. Et plus vous serez soutenu, plus la dévotion sera fluide et naturelle. Vous serez littéralement porté. Vous n'agissez pas pour un résultat mais votre vie entière devient une immense prière.

L'ENQUÊTE DE L'ÂME

À quoi ressemble votre pratique dévotionnelle ?

Êtes-vous appelé à vous révéler d'une manière différente ou plus cohérente ?

△

À ceux qui traversent la douleur sacrée

Bientôt, ces heures de renaissance sacrée s'achèveront.
Bientôt.
Ces heures dévastatrices de
s é p a r a t i o n,
de polarité, de confusion.
La sensation d'être incompris, de ne pas être vu ou entendu…
Si aujourd'hui vous ne pouvez pas en discerner la fin,
sachez qu'elles ne constituent qu'un souffle dans la chronologie de la Terre
si vous les contemplez depuis la perspective de votre âme.

Ce moment est essentiel. Vous êtes venu pour lui. Nous sommes tous investis d'une mission personnelle. Et un jour, dans une décennie ou un siècle, ce qui semble essentiel aujourd'hui ne le sera plus.

Faites confiance à votre rôle dans ce jeu sacré. Sachez que ce moment enfante l'avenir de l'humanité. Pour nous tous – individuellement et collectivement. Il est un temps de renaissance sacrée.

L'unique doit disparaître pour que règne la véritable Unité.
Il s'agit à la fois de vous et des autres.
Faites confiance à votre rôle au sein du travail sacré.
Au cœur des contractions. Sous la pression. Dans l'obscurité et l'e f f o r t.

Dans le vide, nous allons naître et découvrir que ce que nous pensions être un tombeau est en réalité un utérus. Après l'hiver, la douceur ressurgira. Telle est la loi de la Terre.

△

LES ENFANTS DU SOLEIL

Les Enfants du Soleil arrivent. Ils sont proches. En réalité, certains sont déjà là. Notre mission est de leur ouvrir la voie. Afin de préserver la lumière derrière leur regard étincelant, qu'elle ne s'éteigne jamais. Certaines de ces âmes ne se sont jamais incarnées, mais nous les avons déjà côtoyées. Vous en souvenez-vous ? Elles sont prêtes à venir sur Terre aujourd'hui. Certaines y sont déjà.

D'autres âmes arrivent, que les mystiques nomment les « âmes d'or ». Elles s'incarnent avec la connaissance et le souvenir. Elles sont présentes et limpides. Nous devons faire notre possible pour leur ouvrir la voie – ciseler le réceptacle qui est en nous afin de les accueillir. Préparer le jardin, ouvrir les frontières, abattre les murs, abolir la séparation, ouvrir les portes, **revenir dans les bras de la Terre**. Pour eux et pour nous.

Elles sont sensibles et fortes. Éveillées et intelligentes. Tissées dans la matière, elles sont sur le point de s'incarner. Les Grands-Mères rêvent de leur venue.

Nous devons faire notre possible pour préserver leur innocence en nous rappelant la nôtre. En grandissant et en renaissant tout en vivant pleinement. En trouvant le moyen d'être de plus en plus vivant à mesure que nous vieillissons, en nous incarnant de plus en plus pleinement. Afin de nous ouvrir, encore et toujours.

Elles s'alignent pour être enfantées, accueillies et reconnues par ceux qui ont refusé de rester endormis. Elles appellent les gardiens et les sages de la Terre. Les futurs ancêtres.

La Grande Réunion

Viendra un temps où les âmes de l'inconnu
rencontreront la famille de l'humanité.
Quand nous ne revivrons plus l'agonie de la séparation
en érigeant des frontières, des barrières et des murs.
Quand nous comprendrons que le corps, l'esprit, le squelette
et l'âme de chaque être sont constitués de la même substance stellaire.
La Terre et le cosmos respirent et expirent depuis la nuit des temps.
Quand nous retrouverons notre chemin l'un vers l'autre
car notre survie dépend de l'autre.
Quand nous embrasserons nos différences et nos similitudes.
Quand nous saurons que le changement n'est pas seulement inéluctable,
mais notre état le plus naturel.
Quand nous serons réunis avec nos frères et sœurs des planètes
et des étoiles familières.
Quand nos cœurs s'ouvriront et que la communication se libérera.
Quand nous serons partout chez nous. Chez nous.

Quand nous projetterons un cercle d'amour autour de
l'humanité
tout entière.

Ce jour approche, ce jour est proche.
Puisse-t-il être arrivé.

Descendre sur Terre

Nos réponses aujourd'hui ne se trouvent pas dans les étoiles.
Ni dans les cieux. Elles sont ici, sur Terre,
dans les graines qui ont été semées.

Ce que nous cherchons nous attend sur Terre comme au ciel.
Avez-vous oublié que vous étiez la graine ?
Avez-vous oublié la raison de votre venue ?

Trouvez le sacré semé en chaque arbre, chaque pierre,
chaque animal, chaque être vivant, chaque cœur, chaque cellule.
Précieux enfant des étoiles et de la Terre.
L'âme vit son expérience le temps d'un souffle.
L'étoile s'ensemence dans la matière.
Votre chemin a été long pour parvenir jusqu'ici.
Mais n'êtes-vous pas arrivé ?

Soyez comme la fleur.
Semez et fleurissez sans vous soucier de ce que pensent les autres.
Et quand l'heure aura sonné – vous la reconnaîtrez –,
lancez vos pétales dans le vent.

Pour avoir la chance de recommencer encore et toujours.
Rappelez-vous la raison de votre venue.

Descendez sur Terre.

REMERCIEMENTS

Un immense merci à l'équipe de Hay House UK, en particulier à Michelle Pilley, qui m'a proposé d'écrire ce livre en respectant mon timing et a patiemment attendu mon accord. Merci pour sa sagesse, ses conseils et son soutien. Merci à Debra Wolter, Julie Oughton, Leanne Siu Anastasi et Jo Burgess, pour l'attention qu'elles ont apportée aux détails et à la création de ce livre, pour leurs compétences et leur soutien dévoué et bienveillant.

Merci à Amy Kiberd, ma collègue, amie et responsable de publication avec qui j'ai partagé les premières graines de ce livre il y a de nombreuses années. Travailler avec elle s'est révélé une bénédiction inattendue. Sa présence dans ma vie est un cadeau et une stimulation constante. J'apprécie, je ressens son soutien et je sais que mon travail peut s'élever grâce à elle.

Merci à Craig Gourlay, pour m'avoir toujours encouragée à considérer la vie depuis une perspective supérieure. Il est un pilier, me permet de me concentrer sur ce que je suis venue accomplir en ce monde. Son dévouement, son professionnalisme, son engagement et sa capacité m'inspirent encore et toujours.

Merci à Jade Perez pour ces mêmes engagement, dévouement et professionnalisme et sa présence. Elle ne baisse jamais les bras et agit avec grâce et allégresse. Je lui suis infiniment reconnaissante pour son travail et son soutien. Sa méthode préconisée dans *Rise Sister Rise Membership* se ressent profondément.

Merci à Rhiannon et Paula, pour leur soutien concret et pratique en cette année de toutes les années. Elles sont une bénédiction dans nos vies et ont rendu possible la parution mondiale de ce livre.

Merci à Binnie Dansby, pour son amitié, sa sagesse, son témoignage et ses encouragements. Il est un don du ciel. Notre amitié est l'une des grandes bénédictions de ma vie.

Merci à Robert Holden, pour son guidage constant et bienveillant, ses encouragements et son amitié, et à Hollie Holden, ma sœur et ma plus chère amie – la vie ne serait pas la même sans elle, nos promenades et nos échanges.

Merci à Marion Ross, titulaire d'un doctorat, et Tracy Latz, d'une maîtrise, pour nos conversations sans fin sur les êtres stellaires.

Merci à Kyle Gray, pour avoir parcouru ce chemin avec moi, pour sa confiance, ses appels quotidiens, ses voyages et ses cafés. J'aurais pu l'inclure dans mon contrat pour ce travail qu'il a su rendre si ludique.

Merci à tous mes professeurs – ceux que j'ai connus personnellement et ceux dont le travail m'a touchée et inspirée. À Sonia Choquette qui m'a guidée alors que j'avais une vingtaine d'années pour que je fasse confiance à mon intuition et aligne ma vie sur mon esprit. À Andrea Hess, créatrice du *Soul Realignment Course*, qui m'a appris à travailler avec les Annales akashiques de manière structurée. À Alen Bock qui a reçu des informations étayant une grande partie de mes ressources au début de mon parcours. À Marion Woodman et Ram Dass dont le travail rejoint le mien d'une manière si difficilement exprimable. Aux milliers de personnes qui ont travaillé avec moi lorsque je faisais des lectures et des schémas de l'âme et à tous ceux qui ont suivi mes ateliers.

Merci à Sheila Dickson qui est l'une de mes plus anciennes âmes sœurs et la première personne que j'ai appelée lorsque j'ai commencé mes lectures sur les êtres stellaires. Sa présence constante depuis mon plus jeune âge a été essentielle pour le travail que j'accomplis aujourd'hui. Je lui suis si reconnaissante d'avoir monté ces escaliers il y a plus de vingt ans. Un immense merci pour m'avoir découverte et comprise.

Merci à Madeline Giles, Eliza Reynolds, Amy Firth, Ahlea Khadro, Lou Androlia, Meggan Watterson et Lisa Lister pour leur amitié, leur compréhension et leur présence indéfectible. À Julia Dvinskaya et Sophie Knock pour leur soutien conscient et leur expertise qui m'ont été d'une grande aide dans l'écriture de ce livre.

Merci aux Grands-Mères de la Terre et au Conseil de Lumière présent alors que j'écrivais ces pages. Merci aux esprits de la Terre ici à Glastonbury et aux *Chalice Well Guardians* où une grande partie de ce livre a été rédigée. Merci à tous les mystiques qui m'ont précédée et permis de partager ma voix et de travailler si librement.

Merci enfin à Sunny pour avoir choisi de venir et de m'enraciner encore plus profondément. J'ai appris grâce à lui plus qu'avec toute autre personne alors qu'il n'est encore qu'un enfant ! Ce livre lui est dédié.

BIBLIOGRAPHIE

Barrett, Lisa Feldman, *How Emotions Are Made*, Pan Macmillan, 2017.

Carey, Ken, *The Starseed Transmissions*, HarperCollins, 1991.

Hess, Andrea, *Soul Realignment Practitioner Training Level 1 & 2*, 2010.

Leary, Dr Timothy, *Starseed*, Level Press, 1973.

Leeming, David et Margaret, *A Dictionary of Creation Myths*, Oxford University Press, 1994.

MacLeod, Sharon Paice, *Celtic Cosmology and the Otherworld*, McFarland & Company, 2018.

Marciniak, Barbara, *Earth*, Bear & Company, 1948.

Marciniak, Barbara, *Bringers of the Dawn*, Inner Traditions/Bear & Company, 1992.

Melchizedek, Drunvalo, *The Ancient Secret of the Flower of Life*, volumes 1 et 2, Light Technology, 2000.

Shier, Susann Taylor, *Soul Mastery*, Velvet Springs Press, 2014.

Sproul, Barbara, *Primal Myths*, HarperOne, 1991.

Steiger, Brad, *Gods of Aquarius*, Harcourt Brace Jovanovich, 1976.

Temple, Robert, *The Sirius Mystery*, St. Martin's Press, 1976.

Wilkinson, Philip, *Myths & Legends*, Penguin Random House, 2009.

△

À PROPOS DE L'AUTEURE

Écrivaine, mystique, visionnaire, philosophe, créative et mère, Rebecca Campbell vit actuellement à Glastonbury, en Angleterre. Originaire des rivages ensoleillés de Sydney, en Australie, elle a manifesté très jeune une fascination unique pour le voyage de l'âme, les mystères et la vie intérieure.

Elle a connu sa première expérience d'éveil lorsqu'elle était une jeune adolescente et étudie depuis les arts mystiques intuitifs. À l'âge de 18 ans, elle a répondu à un appel intérieur pour entreprendre un pèlerinage solitaire afin de s'initier aux sites sacrés du Royaume-Uni et d'Irlande, pays où elle a passé la majeure partie de sa vie d'adulte.

Auteure de plusieurs livres et oracles à succès, elle enseigne dans le monde entier et en ligne afin d'aider les gens à se rappeler qu'ils *sont* la nature, à se connecter à la sagesse de leur âme et à vivre en harmonie avec ce savoir.

La mission de Rebecca est de retisser l'âme dans la vie quotidienne. Ses créations et ses *Trois Étapes pour vivre une vie guidée par l'âme* ont transformé l'existence de centaines de milliers de personnes à travers le monde.

Composition et mise en pages
Nord Compo à Villeneuve-d'Ascq

Achevé d'imprimer en juin 2023
sur les presses de la Nouvelle Imprimerie Laballery
58500 Clamecy
Dépôt légal : mai 2023
N° d'impression : 305305

Imprimé en France

La Nouvelle Imprimerie Laballery est titulaire de la marque Imprim'Vert®